DIE 100 BESTEN REZEPTE AUS ALLER WELT

BACKEN

AUSGEWÄHLT VON CHRISTIAN TEUBNER

G. HARDY
46°

DIE 100 BESTEN REZEPTE AUS ALLER WELT

BACKEN

AUSGEWÄHLT VON CHRISTIAN TEUBNER

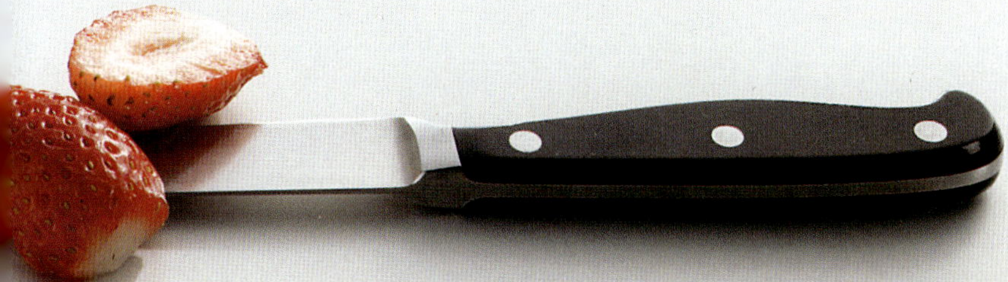

TEUBNER EDITION

Zu diesem Buch

Die Zuckerbäckerei gehört zur süßen Seite des Lebens, in allen Ländern und bei allen Völkern. Ob als Bestandteil einer prachtvollen Kaffeetafel oder für den kleinen Hunger untertags, der Verzehr eines Stücks Kuchen oder Gebäck ist wie eine kleine Belohnung, die man sich gern gönnt. Eine Reise durch die Backstuben der Welt zeigt den Stellenwert, der den süßen Köstlichkeiten international beigemessen wird. Und sie zeigt, daß Backen Maßarbeit ist. Denn der Erfolg beim Backen hängt von der genauen Einhaltung der vorgegebenen Arbeitsbeschreibungen ab. Das fängt bei der exakten Berechnung der Zutaten an, führt über die Zubereitung in der vorgeschriebenen Reihenfolge weiter und endet bei der richtigen Ofentemperatur und Backzeit. Wenn der Kuchen einmal im Ofen ist, kann man ihn nicht mehr verändern. Dadurch unterscheidet sich das Backen grundsätzlich vom Kochen, wo in letzter Minute durch Nachwürzen der Geschmack des Gerichtes noch verbessert werden kann. Backen – vor allem Zuckerbacken – bietet dagegen breiten Raum zur kreativen Gestaltung der Dekoration. Die vorliegende Sammlung der »100 besten Rezepte« hat ihren Schwerpunkt in den Ländern Mitteleuropas, einer Region, die auf eine lange Backtradition zurückblickt. Doch auch afrikanische und asiatische Länder haben interessante Beispiele, wenngleich die Entstehung der meisten von ihnen auf den Einfluß der europäischen Kolonialherren zurückzuführen ist.

Mit den besten Empfehlungen

Ihr

CHRISTIAN TEUBNER

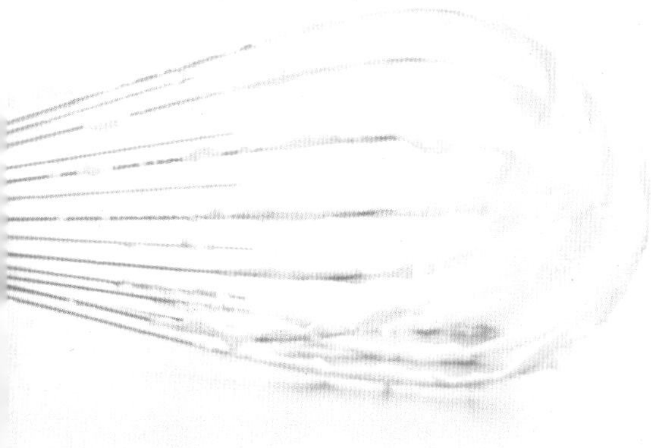

Inhalt

Grundteige

SIE SIND DIE BASIS DER BACKPRAXIS. MEHL, BUTTER, EIER UND ZUCKER SIND DIE HAUPTZUTATEN.

MÜRBTEIG

Tip: Der häufigste Fehler bei der Zubereitung von Mürbteig tritt auf, wenn der Teig zu lange geknetet wird. Der Fachmann spricht von »brandig«, das heißt, der Teig ist dann kurz und brüchig. Damit dieser wieder ausreichend bindet, kann etwas Eiweiß untergearbeitet werden. Trotzdem wird der Teig nie wieder so mürbe, wie er sein sollte, dies ist nur eine Notlösung.

Er ist der bevorzugte Teig für flaches Gebäck, vor allem als Unterlage für Obstkuchen, Torten, kleine Törtchen, Schiffchen und andere Gebäcke, die später mit Creme oder mit Früchten gefüllt werden. Wegen seines hohen Fettanteils darf der Teig beim Verarbeiten nicht zu warm werden, das heißt, alle Zutaten und die Arbeitsfläche sollten gleichmäßig kühl und die Zubereitungszeit so kurz wie möglich sein. Deshalb wird der Teig wie bei Streuseln zu Krümeln vorbereitet, damit das eigentliche Kneten möglichst schnell erfolgt. Der Teig muß glatt und matt sein; fängt er an zu glänzen, wäre dies ein Zeichen dafür, daß sich die Butter vom Rest des Teiges trennt. Dann wird der Teig kurz und brüchig und läßt sich nicht mehr gut verarbeiten.

400 g Mehl
200 g Butter
100 g Puderzucker
1 Ei, 1/4 TL Salz

Den Mürbteig zubereiten, wie in der Bildfolge beschrieben. Den ausgeruhten, gut durchgekühlten Teig auf einer bemehlten Arbeitsfläche ausrollen und nach Bedarf blindbacken. Teigböden, die nach dem Backen belegt werden sollen, gehen auf diese Weise nicht auf, das heißt, sie bleiben glatt und flach, werfen also keine Blasen.

Das Mehl sieben und in die Mitte eine Mulde drücken. Die Butter in Stücken, den Puderzucker, das Ei und das Salz hineingeben.

Mit einer Gabel oder den Fingern die Zutaten zerdrücken und vermischen. Dabei vorsichtig etwas Mehl einarbeiten.

Mit einer Palette oder einem großen Messer das Mehl von außen zur Mitte schieben, bis die Zutaten grob vermengt sind.

Palette oder Messer mit beiden Händen fassen und die vermischten Zutaten, ähnlich wie bei Streuseln, zu feinen Krümeln hacken.

Erst jetzt mit den Händen weiterarbeiten und die Krümel schnell zusammenkneten, bis ein glatter Teig entsteht.

Den Teig nicht zu lange kneten, sonst wird die Butter warm und der Teig kurz und brüchig. Zu einer Kugel formen.

In Folie hüllen, mindestens 1 Stunde im Kühlschrank entspannen. So wird der Teig fester und läßt sich leichter verarbeiten.

BRANDTEIG

Er ist der besondere unter den Teigen, denn er wird zweimal gegart. Zuerst wird der Teig »abgebrannt«, das heißt, das Mehl wird in die kochende Butter-Wasser-Mischung gegeben und gut verrührt, bis sich ein Teigkloß bildet, der sich vom Topfboden löst. Unter diesen Kloß werden die Eier gerührt. Die geschmeidige Masse wird entweder aufgestrichen oder gespritzt. Meistens werden Brandteiggebäcke anschließend im Ofen gebacken, wobei sie um so höher aufgehen, je mehr mit Dampf gebacken wird. Um Dampf zu erzeugen, gießt man eine Tasse Wasser in den Ofen, sobald das Blech eingeschoben ist, und schließt schnell die Ofentür. Brandteig kann auch in Fett ausgebacken, also fritiert, oder in Flüssigkeit gegart werden. Beliebte Brandteiggebäcke sind Windbeutel, Eclairs und Spritzkuchen sowie die spanischen Schmalzgebäcke, die »churros«.

1/4 l Wasser
100 g Butter
1 Messerspitze Salz
250 g Mehl
5 bis 6 Eier

Den Brandteig zubereiten, wie in der Bildfolge beschrieben. Dafür das Mehl auf ein Stück Papier sieben. Das Backblech ganz leicht einfetten und die Gebäcke in dem auf 220 °C vorgeheizten Ofen in 15 bis 20 Minuten backen.

Das Wasser, die Butter und das Salz in eine Kasserolle geben und unter ständigem Rühren einmal aufkochen lassen.

Das gesiebte Mehl auf einen Schlag in die kochende Flüssigkeit schütten, dabei ununterbrochen kräftig weiterrühren.

Die Masse weiter erhitzen, das Mehl sorgt nun für die Bindung; dabei ständig in Bewegung halten.

So lange rühren, bis sich die Masse als Kloß vom Topf löst (abbrennt) und eine weiße Haut den Topfboden überzieht.

Die Masse in eine Schüssel umfüllen, etwas abkühlen lassen. 1 Ei unterrühren, bis es sich völlig mit der Masse verbunden hat.

Die restlichen Eier nacheinander zugeben, dabei darauf achten, daß jedes einzelne gut untergerührt ist, bevor das nächste folgt.

Die Teigkonsistenz prüfen. Dafür den Kochlöffel anheben, die Masse soll glatt und glänzend sein und weich vom Löffel fallen.

Der Windbeutel gehört zu den beliebtesten Gebäcken aus Brandteig. Er wird mit einem Spritzbeutel mit Sterntülle Nr. 11 mit genügend Abstand auf ein leicht gefettetes Backblech gespritzt. Oder einfach mit einem angefeuchteten Löffel als Häufchen daraufgesetzt. Nach dem Backen hat er das Zwei- bis Dreifache an Volumen zugenommen. Er wird noch heiß quer geteilt, nach dem Auskühlen mit reichlich Sahne gefüllt und mit Puderzucker bestaubt.

Biskuit für Torten und Rouladen

AUS DIESEM TEIG, DEN DER FACHMANN ALS »MASSE« BEZEICHNET, WERDEN AUCH NOCH ANDERE GEBÄCKE WIE PETITS FOURS, MOHRENKÖPFE UND LÖFFELBISKUITS ZUBEREITET.

Wiener Masse: Die ganzen Eier, die Eigelbe, den Zucker und die Zitronenschale im Wasserbad schaumig aufschlagen, bis sich der Zucker aufgelöst hat. Die Masse soll dabei warm, aber keinesfalls heiß werden.

In 5 bis 8 Minuten kalt schlagen, erst in schnellen, kreisenden, dann in schlagenden Bewegungen. Langsam weiterschlagen, bis die Masse cremig ist.

Das Mehl und die Speisestärke auf Papier sieben, langsam in die Masse einrieseln lassen und gleichmäßig mit einem Holzspatel unterziehen.

Die Butter separat in einem Butterpfännchen bei etwa 40 °C schmelzen. In einem dünnen Strahl in die Masse laufen lassen und langsam unterziehen.

Einen Tortenring auf ein mit Backpapier belegtes Blech stellen und mit den überstehenden Papierrändern einschlagen. Die Masse einfüllen und glattstreichen.

30 bis 35 Minuten im auf 190 °C vorgeheizten Ofen backen. Nach dem Stürzen den vollständig ausgekühlten Boden mit einem Messer vom Rand lösen.

Je nach Bedarf aus dem gebackenen Teig mit einem Kuchenmesser mit Zahnung 2 oder 3 gleichmäßig dicke Böden schneiden.

Tip: Wird eine Springform verwendet, kann entweder der Boden mit Backpapier ausgelegt oder mit Butter eingefettet und mit Bröseln ausgestreut werden. In beiden Fällen ist jedoch sehr wichtig, daß der Rand fettfrei bleibt. Sonst steigt der Teig beim Backen in der Mitte und die Oberfläche bleibt nicht gleichmäßig flach.

Die Hauptzutaten sind Eier, Zucker und Mehl, das teilweise durch Speisestärke ersetzt wird. Wichtig ist, daß eine lockere, luftige Masse entsteht. Dafür gibt es zwei Methoden: die »Wiener Masse«, bei der ganze Eier mit dem Zucker aufgeschlagen werden, und die Methode, bei der die Eier getrennt bearbeitet werden; das Eigelb wird schaumig gerührt und das Eiweiß steif geschlagen. Das ergibt eine standfeste Masse.

WIENER MASSE

Oder »Génoise«, wie sie in Frankreich heißt. Sie läßt sich schon deshalb einfacher zubereiten, weil man nur ein Gefäß dazu braucht. Ihre Stabilität erhält sie dadurch, daß die Eier und der Zucker im Wasserbad warm aufgeschlagen werden. Der Zucker löst sich dabei schneller auf, und durch das anschließende Kaltschlagen ergibt sich eine sehr feinporige, glatte Masse. Dieser kann nun noch etwas warmes Fett zugesetzt werden mit dem Ergebnis, daß sie zwar nicht ganz so luftig und locker aufgeht, aber dafür etwas feinporiger wird und besonders gut schmeckt.

5 ganze Eier, 2 Eigelbe, 150 g feiner Zucker
1/2 TL abgeriebene Zitronenschale
150 g Mehl, 30 g Speisestärke, 90 g Butter

Eier, Eigelbe, Zucker und Zitronenschale warm schlagen, wie links gezeigt. Dafür die Kasserolle in ein Gefäß mit warmem – nicht kochendem – Wasser stellen und die Masse darin bei kleiner Hitze aufschlagen. Die Kasserolle vom Wasserbad nehmen und weiterverfahren, wie gezeigt. Den gebackenen, leicht ausgekühlten Boden stürzen, indem man ihn vom Blech nimmt, dieses mit Mehl bestaubt und den Boden mit der Oberseite nach unten wieder darauflegt. Das Papier vorsichtig abziehen und den Boden aus dem Ring lösen.

BISKUIT FÜR ROULADEN

Bei dieser Zubereitungsmethode, die auch für Tortenböden oder andere Gebäckstücke aus Biskuit verwendet werden kann, wird der Eiweiß- beziehungsweise Eigelbanteil oft variiert. So besteht das folgende Rezept für Rouladen aus mehr Eigelb und weniger Eiweiß, damit der gebackene Biskuit flexibler bleibt und sich leichter rollen läßt. Für Biskuitböden ist das Verhältnis Eigelb zu Eiweiß meist gleichwertig. Für Mohrenköpfe und Löffelbiskuits ist eine besonders standfeste Masse nötig, die sich durch einen geringen Eigelb- und einen hohen Eiweißanteil auszeichnet.

Für den Biskuit:
8 Eigelbe, 100 g Zucker
4 Eiweiße
80 g Mehl, 20 g Speisestärke
Für die Füllung:
250 g Himbeer- oder Erdbeerkonfitüre

Die Masse zubereiten, wie unten gezeigt. Den verstrichenen Teig in den auf 220 °C vorgeheizten Ofen schieben, etwa 10 Minuten auf der mittleren Schiene backen. Wie bei allen dünnen Gebäckstücken vor Ablauf der angegebenen Backzeit den Bräunungsgrad prüfen. Zur Roulade formen.

Biskuitmasse: Die Eigelbe mit der Hälfte des Zuckers schaumig rühren. Getrennt davon die Eiweiße in einer völlig fettfreien Schüssel zu steifem Schnee schlagen und dabei den restlichen Zucker einrieseln lassen.

Den Eischnee mit einem Spatel locker unter die Eigelbmasse heben. Anschließend das Mehl mit der Speisestärke dazusieben.

Alles in der Schüssel mit einem Holzspatel ganz vorsichtig vermengen. Nicht rühren, sondern unterheben, damit viel Luft in der Masse verbleibt.

Die Masse auf ein mit Backpapier ausgelegtes Backblech geben und mit einer Palette gleichmäßig glattstreichen. Backen.

Die gebackene Teigplatte auf ein feuchtes Tuch stürzen und mit einem feuchten Tuch bedecken. Erkalten lassen. Dann erst das Papier abziehen.

Die Teigplatte dünn mit Konfitüre bestreichen. Eng aufrollen, indem das Tuch an der breiten Seite angehoben wird.

Die Roulade mit Puderzucker bestauben und in dicke Scheiben schneiden. Mit einem Sabayon oder halbfest geschlagener Vanillesahne servieren.

HEFETEIG

Hefeteig ist wohl der vielseitigste Teig überhaupt. Seine Verwendung ist vielfältig: vom einfachen Hefezopf bis zum feinen Plundergebäck. Er zeichnet sich durch seinen typischen, leicht säuerlichen Geschmack und die Luftigkeit des Teiges aus. Diese ist auf die Vermehrung der Hefezellen zurückzuführen, die bei ihrem Wachstum Zucker in Alkohol und Kohlendioxid umwandeln. Bei der hier gezeigten Methode wird diese Gärung durch einen Vorteig, auch Ansatz genannt, eingeleitet. Erst wenn der Vorteig »gegangen« ist, kommen die restlichen Zutaten dazu.

Für den Hefeteig:
500 g Mehl
30 g Hefe
1/4 l lauwarme Milch
60 g zerlassene Butter
60 g Zucker, 2 Eier
1 TL Salz
Außerdem für den Hefezopf:
1 Eigelb, mit 1 EL Wasser verrührt, zum Bestreichen
50 g gestiftelte Mandeln
20 g Zucker
einige Tropfen Wasser

Den Hefeteig zubereiten, wie in der Bildfolge gezeigt. Für den Hefezopf die Mandeln mit dem Zucker und gerade so viel Wasser vermischen, daß der Zucker an den Mandeln kleben bleibt. Den fertig geformten Hefezopf erneut 10 Minuten gehen lassen. Bei 200 °C in den vorgeheizten Ofen schieben und 30 bis 35 Minuten backen.

Hefeteig zubereiten:

Das Mehl in eine Schüssel sieben und in die Mitte eine Mulde drücken. Die Hefe hineinbröckeln, mit der Milch auflösen, etwas Mehl vom Rand untermischen.

Den Ansatz mit Mehl bestauben. Die Schüssel mit einem sauberen Tuch abdecken und an einem warmen, zugfreien Ort stellen. Gehen lassen, bis die Oberfläche Risse zeigt.

Die zerlassene Butter mit dem Zucker, den Eiern und dem Salz vermischen und zum Vorteig geben. Mit einem Holzspatel alles zusammenmischen.

Mit den Händen weiterarbeiten. Den Teig so lange schlagen, bis er glatt und glänzend ist, Blasen wirft und sich gut von der Schüsselwand löst.

Die Schüssel erneut mit einem Tuch abdecken und den Teig gehen lassen, bis er das Doppelte seines Volumens erreicht hat.

Hefezopf zubereiten:

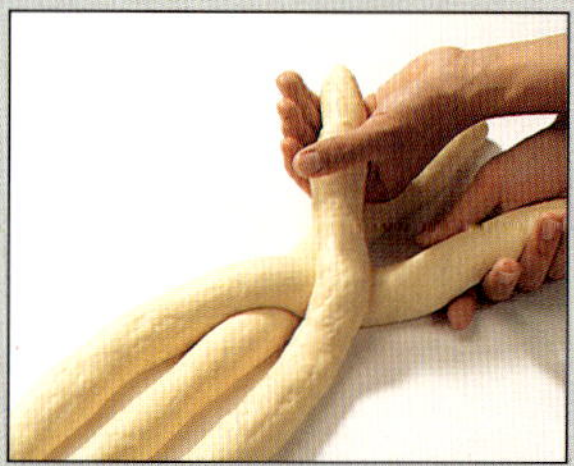

Aus dem Teig drei Rollen formen und nebeneinanderlegen. Ab der Mitte flechten, den Zopf drehen und die zweite Seite flechten.

Den Zopf auf ein gefettetes Backblech legen und mit dem verquirlten Eigelb bestreichen. Längs der Mitte die Mandel-Zucker-Mischung aufstreuen.

KUVERTÜRE

Schokolade zum Überziehen heißt Kuvertüre (franz. couverture = Überzug). Sie muß so verarbeitet werden, daß sie ihren vollen Geschmack entfaltet und seidenmatt glänzt – und das ist etwas aufwendig: Die Kuvertüre muß zunächst schmelzen, dann abkühlen und schließlich von unten nach oben wieder erwärmt – der Fachmann sagt dazu »temperiert« werden. Kuvertüre besteht aus Kakaotrockenmasse mit Kakaobutter und Zucker. Eine mittlere Qualität wird mit 60/40 bezeichnet. Das bedeutet: 60 % Kakaotrockenmasse inklusive Kakaobutter und 40 % Zucker wurden verbunden. Der Schmelzpunkt von Schokolade liegt bei

Kuvertüre temperieren:

Die Schokolade (Kuvertüre) zerkleinern. Dafür den Block hochkant stellen und mit einem sehr stabilen Messer am Rand entlangschneiden.

Die Hälfte der Stücke im 40 °C warmen Wasserbad auflösen. Den Rest der Kuvertüre zugeben. Vom Wasserbad nehmen. Rühren, bis alles gelöst ist.

Nach dem Abkühlen die Schokolade im Wasserbad langsam wieder auf 32 °C erwärmen, dabei am besten in Etappen arbeiten.

35 °C, die richtige Temperatur zum Verarbeiten der flüssigen Kuvertüre aber bei nur 32 °C. Trotzdem muß sie weiter abkühlen. Denn die Kakaobutter bindet nur dann optimal, wenn die Kuvertüre von der niedrigen Temperatur auf die notwendigen 32 °C erwärmt – also temperiert wird. Niemals umgekehrt! Falls es doch einmal passiert, daß sie über 32 °C erwärmt wird, muß von vorne begonnen werden, also: Schokolade abkühlen und langsam wieder nach oben temperieren. Im Handel wird zwischen dunkler oder Halbbitter- und heller oder Vollmilch-Kuvertüre unterschieden. Auch Kuvertüre aus weißer Schokolade ist zu haben.

FONDANT UND APRIKOTUR

Fondant ist eine reine Zuckerglasur, die schön glänzt. Ihre frische Herstellung ist arbeitsaufwendig, da sie bis zu 113 °C unter ständigem Rühren erhitzt und dann auf einer Marmorplatte mit einer Palette ständig durchgearbeitet werden muß, bis sie milchig weiß ist. Doch zum Glück gibt es Fondantglasuren in guter Qualität zu kaufen. Sie werden, wie in der Bildfolge gezeigt, einfach im Wasserbad erhitzt und nach Wunsch verdünnt.
Als Aprikotur wird eine Glasur aus heißer Aprikosenkonfitüre bezeichnet. Sie dient vor allem als Isolierschicht zwischen dem Gebäck und der eigentlichen Glasur und erhält deren Glanz.

Für die Aprikotur:
80 g Zucker, 100 ml Wasser, 1 EL Zitronensaft
200 g Aprikosenkonfitüre

Zucker, Wasser, Zitronensaft zu einer klaren Flüssigkeit aufkochen. Weiterverfahren, wie gezeigt.

Fondant erwärmen:

Fondant im 40 °C warmen Wasserbad auf 35 °C erwärmen. Flüssiger wird er, wenn etwas Läuterzucker (Zuckersirup) und Eiweiß untergerührt werden.

Als Überzug hat Fondant die richtige Konsistenz, wenn er dickflüssig vom Löffel läuft. Für eine durchscheinende Glasur muß er mit Läuterzucker oder Alkohol verdünnt werden.

Aprikotur erhitzen:

Den geklärten Zuckersaft und die Konfitüre in einem entsprechend großen Topf aufkochen und in 8 bis 10 Minuten um 1/3 einkochen.

Durch ein feines Sieb passieren, nochmals 2 bis 3 Minuten kochen. Die Aprikotur muß klar und transparent sein, sie kann nur im heißen Stadium zum Glasieren verwendet werden.

Die feinen sind die kleinen – die Kürbisse mit etwas Eigengeschmack wie die Moschuskürbisse oben. Sie bedürfen zwar auch aromatischer Nachhilfe, sind aber weit geschmacksintensiver als die hiesigen Sorten.

Kürbiskuchen

DER KÜRBIS IST AUF DER GANZEN IBERISCHEN HALBINSEL BELIEBT ZUM KOCHEN UND BACKEN.

Der Kürbis hat aber keinen sehr ausgeprägten Eigengeschmack und wird deshalb überall da gern verwendet, wo seine saftige Konsistenz willkommen ist, und andere Zutaten aromatisch dominieren. Das sind bei diesem »bolo mimoso«, wie der Kürbiskuchen in Portugal heißt, die Zitrusfrüchte, frisch und kandiert.

Für den Mürbteigboden:
150 g Mehl, 100 g Butter
50 g Zucker, 1 Messerspitze Salz
Für den Kuchenteig:
250 g Kürbis, 6 Eigelbe, 50 g Zucker
1 Messerspitze Salz, 1 TL Zimt
Abgeriebenes von 1 unbehandelten Orange
Abgeriebenes von 1 unbehandelten Zitrone
50 g Mehl, 250 g ungeschälte, geriebene Mandeln
100 g Orangeat, fein gehackt, 6 Eiweiße, 120 g Zucker
Zum Tränken:
Saft von 1 Orange und 1/2 Zitrone
40 g Zucker, 2 cl Orangenlikör
Außerdem:
1 Springform von 26 cm Durchmesser
Butter zum Ausstreichen der Form
Brösel zum Ausstreuen, 120 g Orangenmarmelade
80 g gehobelte, geröstete Mandeln
Puderzucker zum Besieben

Für den Mürbteigboden das Mehl auf eine Arbeitsfläche sieben und in die Mitte eine Mulde drücken. Die Butter in Stücken darin verteilen, den Zucker und das Salz hineingeben. Einen Mürbteig herstellen, wie auf Seite 6 beschrieben. In Folie wickeln und mindestens 1 Stunde im Kühlschrank kühlen. Zu einem runden Boden von 26 cm Durchmesser ausrollen, auf ein Backblech legen, mit einer Gabel mehrmals einstechen und bei 180 °C im vorgeheizten Ofen nach Sicht schön hellbraun backen, das dauert etwa 8 bis 10 Minuten. Für den Kuchenteig den Kürbis in reichlich leicht gesalzenem Wasser kochen, bis

Über Nacht durchgezogen, schmeckt der Kürbiskuchen erst so richtig fein. Dann erst hat sich sowohl die Feuchtigkeit der Kürbisstücke, als auch der Zitronensaft gleichmäßig im Kuchen verteilt.

Von dem gekochten Kürbis die Schale großzügig abschneiden, es sollen etwa 200 g Fruchtfleisch übrigbleiben.

Das Kürbisfruchtfleisch mit einem scharfen Messer zuerst in dünne Streifen schneiden, dann in kleine Würfel.

er weich ist. Herausnehmen und, wie in der Bildfolge beschrieben, schälen und klein schneiden. Die Eigelbe mit dem Zucker, dem Salz und dem Zimt schaumig rühren und die abgeriebenen Zitrusschalen zugeben. Das Mehl mit den geriebenen Mandeln und dem Orangeat vermischen. Die Eiweiße zu Schnee schlagen und dabei den Zucker langsam einrieseln lassen. Zunächst den Eischnee unter die Eigelbmasse ziehen, dann den kleingeschnittenen Kürbis zugeben und zum Schluß die Mehl-Mandel-Mischung unterheben. Die Springform mit Butter ausstreichen und mit Bröseln ausstreuen. Den Kuchenteig einfüllen und die Oberfläche glattstreichen. Bei 200 °C im vorgeheizten Ofen in 25 bis 30 Minuten schön hellbraun backen. Den Kuchen in der Form etwa 10 Minuten abkühlen lassen. Auf ein Gitter stürzen. Den Mürbteigboden mit der Orangenmarmelade bestreichen und den Kürbiskuchen daraufsetzen. Zum Tränken des Kuchens in einer kleinen Kasserolle den Orangen- und Zitronensaft mit dem Zucker zum Kochen bringen und alles 2 bis 3 Minuten sprudelnd kochen. Vom Herd nehmen, etwas abkühlen lassen, den Orangenlikör zusetzen und damit den Kürbiskuchen gleichmäßig bepinseln. Den Kuchen mit der restlichen Orangenmarmelade einstreichen, mit den Mandeln einstreuen und mit Puderzucker besieben.

Dreikönigskuchen

»ROSCON DE REYES« WIRD DIESER TRADITIONSREICHE KUCHEN GENANNT, DER AUCH ETWAS VERBIRGT, WAS NICHT FÜR DEN GAUMEN BESTIMMT IST.

Erst die Heiligen Drei Könige, »Los Reyes Magos«, bringen in Spanien vielen Kindern die eigentlichen Weihnachtsgeschenke. Zur Feier des Tages werden im Kreise der Familie und mit Freunden diese schlichten Dreikönigskuchen verzehrt, in denen noch jeweils eine Überraschung versteckt ist. Dies kann eine Bohne oder, wie in Mexiko, wo dieser Brauch auch üblich ist, ein Püppchen aus Kunststoff oder Porzellan sein, das vor dem Backen in den Teig gegeben wird. Wer diese Überraschung in seinem Stück Kuchen findet, wird zum »König«. Er darf bestimmen, was an jenem Abend gespielt werden soll. Seine »Herrschaft« gibt er in Spanien am darauffolgenden Sonntag, in Mexiko erst am 2. Februar, auf, wenn er alle Anwesenden zu einem Fest einlädt.

Für den Teig:
500 g Mehl, 30 g Hefe, 200 ml lauwarme Milch
120 g Butter, 3/4 TL Salz, 70 g Zucker
Abgeriebenes von 1 unbehandelten Orange
Abgeriebenes von 1/2 unbehandelten Zitrone
3 Eier, 2 cl brauner Rum
Zum Garnieren:
50 g gehobelte Mandeln
100 g gemischte kandierte Früchte

Außerdem:
1 Eigelb zum Bestreichen
1 oder 2 Backbleche, je nach Ofengröße
Butter für das Blech

1. Das Mehl in eine Schüssel sieben und in die Mitte eine Mulde drücken. Die Hefe hineinbröckeln, mit der lauwarmen Milch auflösen und dabei mit etwas Mehl vom Rand vermischen. Den Ansatz mit Mehl bestauben. Die Schüssel mit einem Tuch abdecken und den Vorteig an einem warmen, zugfreien Ort gehen lassen, bis die Oberfläche Risse zeigt.

2. Die Butter zerlaufen lassen, mit dem Salz, dem Zucker und der Orangen- und Zitronenschale vermischen und zum Vorteig geben. Die Eier mit dem Rum verrühren und ebenfalls zufügen. Zunächst alles mit einem Rührlöffel zusammen mit dem Mehl unterarbeiten. Mit den Händen weiterarbeiten und so lange schlagen, bis der Teig glatt und glänzend ist, Blasen wirft und sich von der Schüsselwand löst. Erneut zudecken und gehen lassen, bis der Teig das Doppelte seines Volumens erreicht hat.

3. Den Teig auf eine bemehlte Arbeitsfläche geben und nochmals gut durchkneten. In 2 Teile schneiden, jeweils 1 gleichmäßig starke Rolle von etwa 50 cm Länge formen. Dabei die Überraschung in dem Teig verstecken. Das Eigelb mit einigen Tropfen Wasser verquirlen, die Teigenden damit bestreichen und jede Rolle zu einem Ring zusammensetzen.

4. Je nach Ofengröße 1 oder 2 Backbleche leicht fetten und die Ringe darauflegen. Mit einem Tuch zudecken und noch einmal etwa 20 Minuten gehen lassen. Mit dem restlichen Eigelb bestreichen. Mit Mandeln und Früchten bestreuen. Bei 200 °C im vorgeheizten Ofen 25 bis 30 Minuten schön hellbraun backen.

Gebäck aus heißem Öl hat in vielen Ländern rund um das Mittelmeer Tradition. Dabei wechseln die Formen und Teige, aber meist sind es ganz einfache Rezepte aus Mehl und Wasser, zuweilen auch mit wenigen Eiern oder Butter. In Griechenland sind es die »zvingi« und im Süden Italiens die »bombolini«, die von den Straßenverkäufern noch heiß in Zeitungspapier gewickelt werden. In Spanien liebt man die »churros« in allen Formen, natürlich frisch aus dem heißen Olivenöl und – wie es die Tradition will – mit einer Tasse heißer Schokolade.

Churros

DAS SCHMALZGEBÄCK FINDET MAN AUF ALLEN MÄRKTEN SPANIENS UND IN DEN MEISTEN LÄNDERN LATEINAMERIKAS.

Ein Rezept, das einfacher nicht sein kann, denn es besteht tatsächlich nur aus Mehl und Wasser, Salz zum Würzen und Öl zum Ausbacken. Aber so simpel es auch sein mag, frisch aus dem heißen Fett und in Zucker gewälzt, schmeckt es einfach gut, und die Zubereitung ist völlig unkompliziert. Wasser und Gewürz werden aufgekocht, dazu kommt das Mehl, und dann wird der Teig auf dem Feuer gerührt. Es ist also ein echter »Brandteig«, der aber ohne Eier zubereitet wird. Entsprechend fest ist der Teig, und deshalb macht es schon etwas Mühe, ihn aus dem Spritzbeutel zu drücken. In Spanien hat man dafür eine Metallspritze mit der richtigen Hebelwirkung. Auf diese Weise kann der Teig direkt in das Fett gespritzt werden. Oft geschieht das in Form von langen Streifen, die dann flink mit einer Schere im Fett auseinandergeschnitten werden. Der Teig kann aber auch nach folgender Methode zubereitet werden: das Mehl nur unter das kochende Wasser rühren und nicht abbrennen, dadurch gelingt er weniger zäh und läßt sich leichter spritzen. Der Safran soll übrigens nur dem knusprig gelben Aussehen etwas nachhelfen. Geschmacklich bringt er so gut wie nichts.

Für etwa 16 Churros
Für den Teig:
1/2 l Wasser
1 Prise Salz
1/2 g Safran
300 g Mehl
Außerdem:
Olivenöl zum Fritieren
Pergamentpapier zum Aufspritzen
Pflanzenfett zum Einfetten des Papiers
Puderzucker zum Bestauben

1. Für den Teig das Wasser, das Salz und den Safran in eine Kasserolle geben und unter ständigem Rühren einmal aufkochen lassen. Vom Herd nehmen und das Mehl auf einmal hineinschütten. Mit den Knethaken des Handrührgeräts so lange kneten, bis der Teig dick wird und sich vom Topfboden löst. 10 Minuten abkühlen lassen.

2. Zum Fritieren das Öl in einem Topf auf 180 °C erhitzen. Das Pergamentpapier in seiner Größe zurechtschneiden, fetten und im Kühlschrank erstarren lassen. Den Teig in einen Spritzbeutel füllen und mit Sterntülle Nr. 9 offene Kringel mit genügend Abstand auf das kalte Papier spritzen. Dieses anheben, umdrehen und in das heiße Fett legen. Es läßt sich dann mühelos von den Churros abziehen. Den Topf schließen und die Churros etwa 3 Minuten ausbacken, den Deckel entfernen, die Churros wenden und auch auf der anderen Seite schön goldgelb ausbacken. Mit einem Schaumlöffel vorsichtig herausheben und auf einem Kuchengitter abtropfen lassen. So weiterverfahren, bis der Teig aufgebraucht ist.

3. Die gebackenen Churros nach Belieben mit Puderzucker bestauben oder in Kristallzucker wälzen und ganz frisch essen.

Ungeschälte Mandeln sollte man einkaufen, wenn man ein gutes geschmackliches Ergebnis erreichen will. Ihre dünne braune Haut schützt sie vor störenden Einflüssen und erhält ihr Aroma. Das Überbrühen und Schälen macht zwar einige Mühe, doch man wird mit einem »frischen Mandelgeschmack« belohnt.

Mandelkuchen

EINFACHER MÜRBTEIG MIT EINER EBENSO SIMPLEN FÜLLUNG MACHT DIE »TARTA DE ALMENDRAS« ZUM GENUSS.

Kuchen mit Mandelfüllung gibt es in vielen Ländern, vor allem rund ums Mittelmeer. Die einfachen Rezepte sind dabei oft nicht die schlechtesten, doch Voraussetzung sind frische, einwandfreie Produkte, und das trifft für die Mandeln besonders zu. Wer den kräftigen Mandelgeschmack liebt, kann 3 bis 4 Bittermandeln oder einige Tropfen Bittermandelaroma zufügen.

Für den Mürbteig:
220 g Mehl, 120 g Butter
50 g Zucker, 1 Eigelb, 1 Messerspitze Salz
ausgeschabtes Mark von 1/2 Vanilleschote
Für die Füllung:
200 g ungeschälte Mandeln
4 Eier, 80 g Zucker, 4 EL Cream Sherry
Abgeriebenes von 1 unbehandelten Zitrone
1 Messerspitze Salz
Außerdem:
1 Springform von 26 cm Durchmesser
Backpapier für die Form
Puderzucker zum Besieben

Bei Mandeln ist es nicht anders als bei Nüssen, sie schmecken frisch einfach am besten. Deshalb kennt man in den traditionellen Anbauländern von Mandeln auch die besten Rezepte, und seien sie auch noch so einfach, wie das Rezept dieses Kuchens.

1. Für den Teig das Mehl auf eine Arbeitsfläche sieben und in die Mitte eine Mulde drücken. Die Butter in Stücken, den Zucker, das Eigelb, das Salz und das ausgeschabte Vanillemark hineingeben. Schnell zu einem Mürbteig arbeiten, wie auf Seite 6 beschrieben. Den Teig zu einer Kugel formen, in Folie hüllen und mindestens 1 Stunde im Kühlschrank ruhen lassen.

2. Für die Füllung die Mandeln mit kochendem Wasser überbrühen, ablaufen lassen, mit eiskaltem Wasser abschrecken, aus der Schale drücken und trockentupfen. In einer Mandelmühle ganz fein mahlen. Die Eier trennen und die Eigelbe mit dem Zucker schaumig schlagen. Die gemahlenen Mandeln, den Sherry und die abgeriebene Zitronenschale untermischen. Die Eiweiße zu Schnee schlagen, das Salz zugeben und weiterschlagen, bis der Eischnee schnittfest ist. Den Eischnee unter den Eigelbschaum heben.

3. Den Boden der Springform mit Backpapier auslegen. Den Teig auf einer bemehlten Arbeitsfläche gleichmäßig ausrollen, in die Form legen und einen 3 cm hohen Rand formen. Die Füllung auf dem Teig verteilen und die Oberfläche glattstreichen. Bei 190 °C im vorgeheizten Ofen in 40 bis 45 Minuten backen und nach den ersten 15 Minuten mit Alufolie abdecken.

4. Den Kuchen aus der Form nehmen und auf einem Kuchengitter auskühlen lassen. Die Kuchenoberfläche mit Puderzucker besieben, dafür eine Schablone aus Papier herstellen.

Beim Flamenco schwingen die Arme der Zigeunerinnen (brazos gitanos) zum Klang der Kastagnetten. Das Aussehen und die braune Farbe der Arme standen Pate für die Bezeichnung der Schokoladenroulade.

Schokoladenroulade

EIWEISS-BISKUIT MIT KRÄFTIGEM SCHOKOLADENGESCHMACK, GEFÜLLT MIT ZARTER COGNAC-BUTTERCREME.

Solche Schokoladenbiskuitrouladen, mit weißer Creme gefüllt, heißen im spanischen Volksmund auch »brazo gitano« – in Anspielung auf die braunen Arme der hübschen Zigeunerinnen.

Für den Teig:
8 Eiweiße, 180 g Zucker
ausgeschabtes Mark von 1/2 Vanilleschote
100 g geschmolzene Kuvertüre
60 g Mehl
Für die Buttercreme:
100 g Zucker
30 g Speisestärke
2 Eigelbe, 3/8 l Milch
etwas Puderzucker zum Besieben
250 g Butter, 4 cl Cognac
Außerdem:
1 Backblech von 43 x 33 cm
Backpapier zum Auslegen
120 g Himbeerkonfitüre, durch 1 Sieb gestrichen
Kakaopulver und Puderzucker zum Besieben

Für den Teig die Eiweiße zu steifem Schnee schlagen, den Zucker langsam einrieseln lassen und weiterschlagen, bis der Schnee so fest ist, daß ein Messerschnitt sichtbar bleibt. Das Vanillemark unterheben und die lauwarme Kuvertüre vorsichtig unterziehen. Dadurch verliert die Masse stark an Volumen. Zuletzt das gesiebte Mehl unterheben. Die Masse mit einem Spritzbeutel und Lochtülle Nr. 9 auf das mit Backpapier ausgelegte Backblech spritzen und weiterverarbeiten, wie in der Bildfolge gezeigt. Für die Buttercreme die Hälfte des Zuckers mit der Speisestärke, den Eigelben und 1/4 der Milch in eine Schüssel geben und mit einem Schneebesen vollständig verrühren. In der Zwischenzeit die restliche Milch mit dem restlichen Zucker in einem entsprechend großen Topf zum Kochen bringen. Die gut durchgerührte Speisestärke unter ständigem Rühren langsam und gleichmäßig in die kochende Milch gießen. Einige Male kräftig aufkochen, dabei ständig rühren, damit nichts am Topfboden ansetzt. Die Creme in eine Schüssel füllen, mit Puderzucker besieben – damit sich beim Erkalten keine Haut bildet – und erkalten lassen. Die Creme durch ein Sieb streichen – am besten geht dies mit einem Holzrahmensieb, das mit der Gitterseite nach oben gedreht wurde – und anschließend in einer Schüssel cremig glattrühren. Die Butter schaumig rühren und unter ständigem Rühren löffelweise die Creme zugeben. Darauf achten, daß die Butter und die Creme die gleiche Temperatur haben. Mit dem Cognac aromatisieren. Die Oberfläche der Roulade mit Kakaopulver und Puderzucker besieben. In 16 Stücke teilen.

Die Schokoladenmasse in Strängen ohne Zwischenräume auf das Blech spritzen. Bei 200 °C im vorgeheizten Ofen 10 bis 12 Minuten backen. 10 Minuten auskühlen lassen.

Die Schokoladen-Teigplatte auf ein frisches Backpapier stürzen. Das andere Papier abziehen, sobald die Teigplatte erkaltet ist. Zuerst die Konfitüre, dann die Creme gleichmäßig aufstreichen.

Zur Roulade aufrollen. Dafür das Papier an der Vorderkante anfassen, hochheben und langsam nach hinten führen, so daß von selbst eine kleine Rolle entsteht.

Die Vanilleblüte ist, gemessen an der Pracht anderer Orchideen, eher unscheinbar und sie öffnet sich nur für wenige Stunden am Vormittag. Nur dann kann sie bestäubt werden, auf den Plantagen geschieht dies per Hand. Es entwickelt sich dann die längliche Frucht mit ihren unzähligen Samen.

Spanische Vanilletorte

DIE VANILLE MIT IHREM SANFTEN AROMA VERTRÄGT KEINE STARK WÜRZENDE KONKURRENZ.

Mit den Zutaten dieser Masse harmoniert sie aber bestens, denn weder die bittere Schokolade in Form von Stückchen noch die Mandeln und das Zitronat verdrängen sie geschmacklich.

Für den Teig:
80 g Kuvertüre (bittere Schokolade)
50 g Zitronat, fein gewürfelt
50 g Mandeln, gehackt
110 g Mehl, 50 g Butter
150 g Marzipanrohmasse
150 g Zucker
ausgeschabtes Mark von 2 Vanilleschoten
6 Eigelbe, 5 Eiweiße
Für die Glasur:
40 g Aprikotur, 160 g Marzipanrohmasse
90 g Puderzucker
300 g temperierte Kuvertüre

Die dünne Schicht bitterer Schokolade und die darunterliegende, ebenso dünne Marzipandecke ergänzen sich geschmacklich bestens mit der Torte. So »verpackt« ist diese auch vor dem Austrocknen geschützt und läßt sich einige Tage ohne Qualitätsverlust aufbewahren.

Unter der prallen Sonne liegen die Vanilleschoten täglich, bis sie richtig heiß sind. Über Nacht kommen sie in luftdichte Behälter, damit sie so richtig »schwitzen«. Dieser Fermentationsvorgang wird wochenlang wiederholt. So entwickeln die Schoten ihre braune Farbe und ihr Aroma.

Außerdem:
1 konische Form von 26 cm Durchmesser
oder 1 Springform von 24 cm Durchmesser
Backpapier zum Auslegen
Fett und Brösel für den Rand
Marzipanrosen zum Dekorieren

1. Die Form mit einem Stück Backpapier auslegen, das exakt nach der Größe des Bodens zugeschnitten wurde. Den Rand fetten und mit abgesiebten Bröseln ausstreuen.

2. Für den Teig die Kuvertüre in mittelgroße Stücke schneiden. Sie sollen nicht zu klein sein, damit die Masse beim Backen nicht braun wird. In einer Schüssel mit dem Zitronat, den Mandeln und dem Mehl mischen. In einer Schüssel die Butter mit der Marzipanrohmasse etwas verkneten. 1/3 des Zuckers, das Vanillemark und 1 Eigelb

zugeben und schaumig rühren. Die restlichen Eigelbe nach und nach unterrühren. Die Eiweiße schaumig schlagen, den restlichen Zucker einrieseln lassen und so lange weiterschlagen, bis ein schnittfester Schnee entstanden ist. Den Eischnee vorsichtig mit einem Holzspatel unter die Marzipan-Buttermasse ziehen. Sorgfältig die Mischung aus Mehl, Kuvertüre, Zitronat und Mandeln untermelieren. Die Masse in die vorbereitete Form füllen und die Oberfläche glattstreichen. Bei 190 °C im vorgeheizten Ofen 40 bis 45 Minuten backen.

3. Nach dem Backen die Torte etwa 10 Minuten ruhen lassen, auf eine Tortenunterlage stürzen und erkalten lassen. Das Backpapier abziehen. Die Oberfläche und den Rand dünn mit heißer Aprikotur einpinseln. Die Marzipanrohmasse mit dem Puderzucker verkneten, sehr dünn ausrollen und völlig glatt auf die Torte legen; das geht gut mit Hilfe einer Teigrolle: die Marzipandecke aufrollen und über der Torte wieder abrollen. Auch den Rand möglichst ohne Falten andrücken, die überstehende Marzipanschicht abschneiden. Die Torte auf ein Kuchengitter setzen. Die Kuvertüre im Wasserbad schmelzen und dünn über die Torte streichen. Etwas fest werden lassen. Mit einem angewärmten Messer 12 Stücke markieren. Ganz nach Belieben dekorieren – aber die lila Marzipanrosen müssen nicht ganz ernst genommen werden.

Frische Walnüsse – nur von der neuen Ernte – sollte man zum Backen verwenden, denn nur eine einzige, ranzige Nuß kann den ganzen Kuchen verderben.

Tarte aux noix

FRISCHE WALNÜSSE UND ZUCKER IN MÜRBTEIG GEBACKEN – EINE GANZ EINFACHE TORTE AUS DEM SÜDEN FRANKREICHS.

Die Zutaten für diese Torte sind annähernd die gleichen wie bei der berühmten »Engadiner Nußtorte«, doch das Ergebnis ist trotzdem nicht zu vergleichen, also keine Konkurrenz, sondern eben nur ganz anders. Letztere wird mit Nüssen gefüllt, die mit Karamel gebunden und entsprechend zäh und süß sind. Diese »tarte aux noix« aber bringt den Eigengeschmack der Walnüsse wesentlich besser zur Geltung. Das folgende Rezept ist für eine Form von 24 cm Durchmesser gedacht, kann aber auch auf zwei kleine Torten von 18 cm Durchmesser verteilt werden.

Für den Mürbteig:
250 g Mehl, 150 g Butter
120 g Zucker, 5 Eigelbe
ausgeschabtes Mark von 1 Vanilleschote
1 Messerspitze Salz
Für die Füllung:
250 g Walnußkerne
150 g brauner Zucker (Farinzucker)
40 g zerlassene Butter

Beste Walnußqualitäten kommen aus Frankreich. Schon bei der Ernte wird die Technik zu Hilfe geholt. Geschüttelt wird mit dem Traktor, doch es fallen nur die reifen Nüsse. Sollte eine »taube Nuß« dabei sein, wird sie beim Waschen aussortiert.

Für die Glasur:
1 Eiweiß
30 g Zucker zum Bestreuen
Zum Garnieren:
Zucker, Walnüsse
Außerdem:
1 Springform von 24 cm Durchmesser
Puderzucker zum Besieben

1. Für den Mürbteig das Mehl sieben und in die Mitte eine Mulde drücken. Die Butter in Stücken, den Zucker, die Eigelbe, das Vanillemark und das Salz hineingeben. Zu einem Teig arbeiten, wie auf Seite 6 beschrieben. Den Teig in Folie füllen, mindestens 1 Stunde im Kühlschrank ruhen lassen.

2. Für die Füllung die Walnußkerne in der Küchenmaschine fein hacken, dabei den Zucker einrieseln lassen. Die Butter zugießen und alles zu groben Krümeln verarbeiten.

3. Für den Boden 2/3 vom Teig auf einer bemehlten Arbeitsfläche 4 mm stark ausrollen. Die Form damit auslegen, dabei einen Rand formen. Die Füllung auf dem Teig verteilen. Den restlichen Teig ausrollen, über die Form legen und die Teigoberfläche mit dem Teigrand fest zusammendrücken. Den überstehenden Teig abschneiden. In die Mitte der Oberfläche einige Löcher stechen, damit der entstehende Dampf entweichen kann. Den Kuchen 30 Minuten kühl ruhen lassen.

4. Den Kuchen aus dem Kühlschrank nehmen und bei 190 °C im vorgeheizten Ofen 15 Minuten backen, die Temperatur auf 180 °C zurückschalten und in 25 bis 30 Minuten hellbraun backen. In der Zwischenzeit das Eiweiß leicht schaumig schlagen. Den Kuchen aus dem Ofen nehmen, sofort die Oberfläche mit dem Eiweiß bestreichen und mit dem Zucker bestreuen. Weitere 5 Minuten backen, bis die Oberfläche schön knusprig ist. Den Kuchen auskühlen lassen und leicht mit Puderzucker besieben.

5. Zum Garnieren etwas Zucker in einer kleinen Kasserolle schmelzen. Die Walnüsse eintauchen, herausnehmen und auf die Torte legen.

Nicht die schönsten Äpfel sind die besten für einen Kuchen, sondern die mit viel Geschmack. Das trifft meist auf alte Sorten wie etwa Cox Orange oder Boskoop zu, die beim Backen auch ihre Form behalten.

Apfelkuchen nach Elsässer Art

ER BEKOMMT SEINEN REIZ DURCH DIE KOMBINATION VON SÄUERLICHEN ÄPFELN UND SÜSSEM GUSS.

Man könnte diese Kombination auch die »alemannische« nennen, denn den mit einem Eier-Sahne-Guß gebackenen Apfelkuchen kennt man auch außerhalb des Elsaß. In der Nordschweiz sind es die Wähen, die in ähnlicher Zusammensetzung gebacken werden, und auf der deutschen Seite heißt er dann »Schwäbischer Apfelkuchen«. Unter dieser Bezeichnung ist er vom Kuchen nach Hausmacherart bis in das Repertoire der feinsten Konditoreien aufgestiegen. Dieser Apfelkuchen kann aber auch, wie in Tschechien, Polen und anderen Ländern Osteuropas, mit saurer Sahne zubereitet werden.

Alemannische Apfelkuchen unterscheiden sich durch die Form, in die die Äpfel geschnitten werden. Für die Schweizer Wähen werden sie in grobe Spalten geschnitten und einfach auf dem Teig verstreut, im Elsaß manchmal ornamental gelegt. In Baden-Württemberg werden halbe oder geviertelte Äpfel mehrmals eingeschnitten.

Eine Quicheform mit dem etwa 3 mm stark ausgerollten Teig auslegen. Den überstehenden Rand abschneiden.

Die Apfelstücke in gleichmäßig verlaufenden Kreisen von außen nach innen auf dem Teig verteilen.

Die Äpfel waschen, schälen, vierteln und mit einem Messer das Kerngehäuse vollständig entfernen.

Inzwischen in einer Schüssel den Zucker mit den Eiern, der Sahne und der Zitronenschale gleichmäßig verrühren.

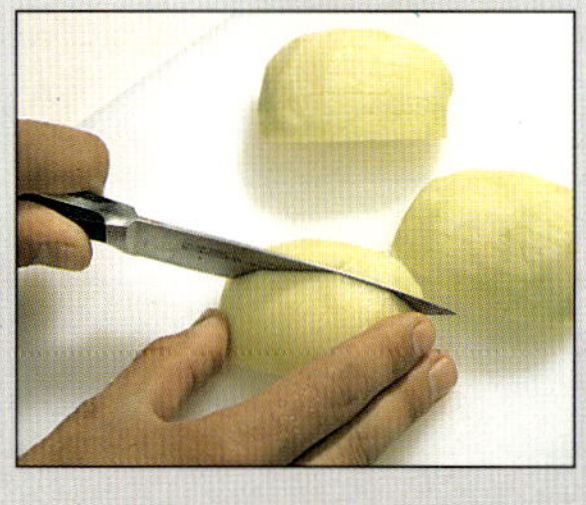

Die Viertel auf der Außenseite der Länge nach ein-, aber nicht durchschneiden. Mit Zitronensaft beträufeln.

Die Zucker-Eier-Sahne über die Äpfel gießen und zwischen den Äpfeln gleichmäßig verlaufen lassen.

Für den Mürbteig:
220 g Mehl
110 g Butter
50 g Puderzucker
1 Eigelb
1 Messerspitze Salz
Für den Belag:
1 kg säuerliche Äpfel
2 EL Zitronensaft
100 g Zucker
3 Eier
1/8 l Sahne
Abgeriebenes von 1 unbehandelten Zitrone
Außerdem:
1 Quicheform von 28 cm Durchmesser
Puderzucker zum Bestauben

Den Mürbteig zubereiten, wie im Grundrezept auf Seite 6 beschrieben, und mindestens 1 Stunde im Kühlschrank ruhen lassen. Den Teig, wie in der Bildfolge beschrieben, gleichmäßig ausrollen und die Quicheform damit auslegen. Die Äpfel vorbereiten, einschneiden und einlegen. Die »Royale«, wie die Fachleute eine Eier-Sahne-Mischung nennen, vorsichtig darübergießen und im vorgeheizten Ofen bei 190 °C etwa 30 Minuten backen. Den Kuchen etwas auskühlen lassen und noch lauwarm aus der Form nehmen. Mit Puderzucker bestauben und sofort servieren. Denn Apfelkuchen, ob mit oder ohne Sahneguß, schmeckt frisch einfach am besten.

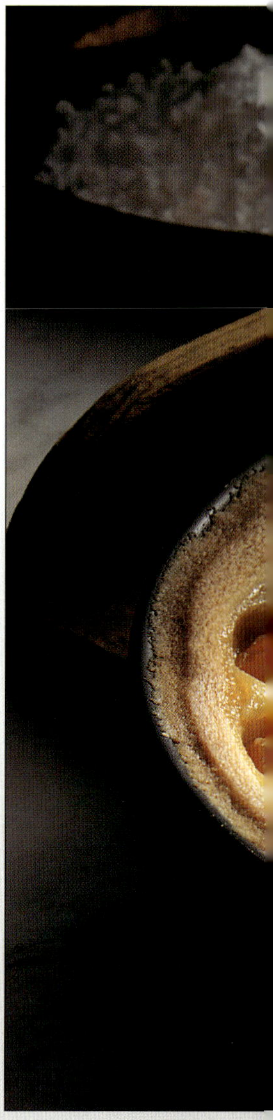

Aprikosenkuchen aus der Provence

ERST WENN DIE APRIKOSEN RICHTIG REIF UND SÜSS SIND, SOLLTE MAN DIESEN KUCHEN BACKEN.

In Frankreich liebt man die flachen Obstkuchen, mit wenig Teig und vielen frischen Früchten. Oft werden sie noch, wie in diesem Rezept, mit einer »Royale«, einer Eier-Sahne-Mischung, übergossen, die das Fruchtaroma in dem Kuchen regelrecht konserviert und das Ganze schön saftig hält.

Für den Mürbteig:
300 g Mehl, 200 g Butter
100 g Puderzucker, 1 Eigelb, 1/4 TL Salz
Für den Belag:
600 g frische Aprikosen
1 Ei, 100 ml Sahne, 50 g Zucker
50 g ungeschälte, grobgehackte Mandeln
Außerdem:
1 Pieform von 26 cm Durchmesser
Backpapier und Hülsenfrüchte zum Blindbacken
Puderzucker zum Besieben
oder 80 g Aprikotur

Die ideale Form für einen solch flachen Obstkuchen ist eine niedrige »Pieform« mit schrägem Rand und einem Durchmesser von 30 cm. Es kann auch eine Springform von 26 bis 28 cm Durchmesser verwendet werden, dabei wird der Kuchen aber etwas höher.

Die feinsten Aprikosen gedeihen im Süden Frankreichs. Im Roussillon und im Tal der Rhône wird der Anbau besonders gepflegt. Man sollte die späten Sorten dieser Regionen abwarten. Oder die kleinen, festen und ebenfalls späten Sorten aus Ungarn, Slowenien oder Kroatien.

1. Für den Mürbteig das Mehl auf eine Arbeitsfläche sieben und in die Mitte eine Mulde drücken. Die Butter in Stückchen, den Puderzucker, das Eigelb und das Salz hineingeben. Mit einer Gabel oder den Fingern die Zutaten zerdrücken und vermischen, dabei etwas Mehl einarbeiten. Mit einer Palette das Mehl von außen zur Mitte schieben, bis die Zutaten grob vermengt sind. Alles zu feinen Krümeln hacken. Mit den Händen mehr drücken als kneten, bis ein glatter Teig entsteht. Den Teig schnell zu einer Kugel verarbeiten, damit er nicht brandig wird. In Folie wickeln, 1 Stunde im Kühlschrank ruhen lassen.

2. Den Teig 3 mm stark ausrollen und in die Form legen. Mit einer Teigkugel oder den Fingern den Rand andrücken. Die überstehenden Teigrän-

der mit einem Messer abschneiden. Den Teig blindbacken, wie auf Seite 70 beschrieben. Dafür ein entsprechend großes Stück Backpapier in die mit dem Teig ausgelegte Form einlegen und die Hülsenfrüchte einfüllen. Bei 200 °C im vorgeheizten Ofen 15 Minuten blindbacken. Das Backpapier und die Hülsenfrüchte entfernen.

3. In der Zwischenzeit für den Belag die Früchte waschen, abtrocknen, einmal durchschneiden und die Steine entfernen. Für die Eier-Sahne-Mischung das Ei, die Sahne und den Zucker miteinander verquirlen.

4. Die Aprikosen mit der Wölbung nach oben nebeneinander ohne Zwischenräume auf den vorgebackenen Teig legen und mit der Eier-Sahne-Mischung übergießen. 20 Minuten im vorgeheizten Ofen bei 190 °C backen. Herausnehmen, die Mandeln auf dem Kuchen verteilen und den Teigrand mit Alufolie abdecken. In weiteren 10 Minuten fertigbacken. Den Kuchen nach Belieben mit Puderzucker besieben oder mit Aprikotur bestreichen.

Gâteau Paris-Brest

EIN MIT ZARTER KAFFEECREME GEFÜLLTER BRANDTEIGRING, DER EINEM BEKANNTEN SPORT GEWIDMET IST.

Die originelle Form des Kuchens ist der Phantasie des Bäckers M. Ruffel von der Pâtisserie Millet in Paris zur Jahrhundertwende zu verdanken. Er war dem Radsport so eng verbunden, daß er die Torte in Form eines aufgeblasenen Fahrradschlauches schuf und dem Rennen Paris-Brest widmete.

Für den Brandteig:
1/8 l Wasser, 30 g Butter
1 Messerspitze Salz
100 g Mehl, 2 bis 3 Eier
Für die Creme:
3 Blatt Gelatine, 60 g Zucker
20 g Speisestärke
2 Eigelbe, 1/4 l Milch
6 g lösliches Kaffeepulver
1/4 l Sahne
Zum Garnieren:
1 EL Aprikosenkonfitüre, mit 1 TL Wasser erhitzt
50 g Fondant
50 g Halbbitter-Kuvertüre
10 g gehobelte, geröstete Mandeln
Außerdem:
1 Backblech
Mehl für das Blech

1. Für den Brandteig, wie auf Seite 7 gezeigt, das Wasser, die Butter und das Salz in eine Kasserolle geben und unter ständigem Rühren einmal aufkochen lassen. Das gesiebte Mehl auf einen Schlag in die kochende Flüssigkeit schütten, dabei ununterbrochen kräftig weiterrühren und weitererhitzen, bis sich die Masse als Kloß vom Topf löst und eine weiße Haut den Topfboden überzieht.

Aus Brandteig einen Ring von 24 cm Durchmesser auf das bemehlte Backblech spritzen, einen zweiten an die Innenseite anfügen. Auf den Zwischenraum der beiden Ringe einen dritten spritzen.

2. Die Masse in eine Schüssel umfüllen und etwas abkühlen lassen. 1 Ei unterrühren, bis es sich völlig mit der Masse verbunden hat. Nacheinander die restlichen Eier zugeben, dabei jeweils darauf achten, daß jedes einzelne Ei gut untergerührt ist, bevor das nächste folgt.

3. Den Teig in einen Spritzbeutel mit Lochtülle Nr. 10 füllen. Auf dem bemehlten Backblech einen Ring von 24 cm Durchmesser markieren und den Teig aufspritzen, wie links gezeigt. Bei 200 °C im vorgeheizten Ofen in etwa 20 Minuten hellbraun backen. Auf einem Kuchengitter etwas abkühlen lassen. Horizontal halbieren.

4. Für die Creme die Gelatine in etwas kaltem Wasser einweichen. Die Hälfte des Zuckers zusammen mit der Speisestärke in eine kleine Schüssel geben, mit den Eigelben und 2 bis 3 EL der Milch gut verrühren. Inzwischen die restliche Milch mit dem restlichen Zucker und dem Kaffeepulver aufkochen. Die angerührte Speisestärke langsam hineingießen, dabei kräftig durchrühren und bei konstanter Hitze einige Male aufwallen lassen. In eine Schüssel geben, mit etwas Puderzucker bestauben, damit sich keine Haut bilden kann, und auskühlen lassen. Die gut ausgedrückte Gelatine auflösen, in die Creme rühren und leicht anziehen lassen. Die Sahne steif schlagen und locker unterheben.

5. Die Creme in einen Spritzbeutel mit Sterntülle Nr. 17 füllen und in dicken Rosetten auf die untere Hälfte des Brandteigringes spritzen. Die obere Ringhälfte mit der passierten, heißen Aprikosenkonfitüre bestreichen. Die beiden Teigringe zusammensetzen. Den Fondant schmelzen, die kleingehackte Kuvertüre einrühren und auflösen. Auf die Oberfläche des Kuchens streichen und in Schlieren am Rand herunterlaufen lassen. Mit den gerösteten Mandelblättchen bestreuen.

Pignoli-Törtchen

»PETITS PIGNOLAS« HEISSEN SIE IM SÜDEN FRANKREICHS. DORT WERDEN DIE PINIENKERNE AUCH FÜR ANDERE GEBÄCKSTÜCKE VERWENDET.

Geröstet schmecken Pinienkerne übrigens am besten. Sie werden entweder auf einem Backblech im Ofen oder in einer Pfanne mit einigen Tropfen Öl oder einem Stück Butter geröstet. Doch sie dürfen nicht zu braun werden, da sie sonst bitter schmecken.

Für den Mürbteig:
200 g Mehl, 125 g Butter, 100 g Zucker
1 TL Vanillezucker, 4 Eigelbe, 1/2 TL Salz
Für die Füllung:
125 g Butter, 40 g Pinienkerne, gehackt
110 g Mandeln, gerieben, 135 g Zucker, 3 Eier
30 g Speisestärke, 1 Messerspitze Salz
Außerdem:
8 Tortelett-Förmchen von 7,5 cm Durchmesser
100 g Pinienkerne zum Bestreuen
Puderzucker zum Besieben

Pinienwälder wachsen entlang der Küsten rund um das Mittelmeer. Dort werden vor allem die Samen der dicken Pinienzapfen zum Backen verwendet; mangels eigenem Aroma meist in Kombination mit Mandeln oder Marzipan. Als knuspriger Belag schmecken sie am besten.

1. Den Mürbteig zubereiten, wie auf Seite 6 beschrieben. In Folie wickeln und im Kühlschrank mindestens 1 Stunde ruhen lassen. Auf einer bemehlten Arbeitsfläche zu einer 3 mm dicken Teigplatte ausrollen und Kreise von reichlich 7,5 cm Durchmesser ausstechen. Die Förmchen damit auslegen, die Ränder andrücken und die überstehenden Teigränder abschneiden. Blindbacken, wie auf Seite 70 beschrieben.

2. Für die Füllung 2 EL der Butter erhitzen und die Pinienkerne bei mäßiger Hitze unter Rühren darin hellbraun rösten, erkalten lassen.

3. Die verbliebene Butter in einer Kasserolle zerlassen und zur Seite stellen. Die Pinienkerne, die Mandeln und den Zucker miteinander vermischen. Die Eier nacheinander gut unterrühren. Erst das nächste zufügen, wenn das vorherige völlig untergearbeitet ist. Zu einer dicken, schaumigen Masse rühren. Die Speisestärke und das Salz vorsichtig untermischen. Die abgekühlte, zerlassene Butter unterrühren.

4. Die Masse in die Förmchen füllen. Auf ein Backblech setzen und bei 190 °C 10 Minuten backen, bis die Füllung anfängt, fest zu werden. Die Förmchen aus dem Ofen nehmen, schnell und gleichmäßig mit den Pinienkernen bestreuen und weitere 15 bis 20 Minuten bei 160 °C backen, bis die Törtchen braun und die Füllung fest ist. Den Bräunungsgrad zwischendurch überprüfen. Die Törtchen aus den Förmchen lösen und erkalten lassen. Mit Puderzucker besieben.

Petits fours

DIESE KLEINEN, SÜSSEN DESSERTSTÜCKE GIBT ES IN VIELEN VARIATIONEN UND GESCHMACKSRICHTUNGEN.

Sie stammen aus der klassischen französischen Patisserie. Es gibt sie aus Brandmasse, mit leichter Kaffeecreme gefüllt, als kleine Japonais- oder Mürbteigtorteletts, mit diversen Cremes gefüllt, oder, wie das folgende Rezept, als kleine Kugeln aus einer besonders standfesten Biskuitmasse, wie sie auch für Mohrenköpfe zubereitet wird. Es werden kleine Halbkugeln auf Backpapier gespritzt, nach dem Backen etwas ausgehöhlt und mit der Buttercreme gefüllt. Will man Abwechslung, so kann die Hälfte der Creme mit 50 g aufgelöster bitterer Schokolade verrührt werden, oder man schmeckt sie mit löslichem Kaffeepulver ab. Auch der Fondant läßt sich unterschiedlich parfümieren. Zur Schokoladenfüllung paßt brauner, echter Rum sehr gut, zur Vanillebuttercreme Kirschwasser, und die Kaffeecreme wird bestens mit einem Kaffeelikör ergänzt.

Die Speisestärke über den Eischnee in die Schüssel geben und mit einem Holzspatel beides sehr vorsichtig vermengen.

Die Eigelbe mit dem restlichen Zucker cremig rühren, Zitronenschale und Salz zugeben, über den Eischnee laufen lassen und unterarbeiten.

Das Mehl darübersieben und mit einem Holzspatel vorsichtig untermelieren, bis ein standfester Biskuitteig entsteht, der nicht zerläuft.

Die Biskuitmasse in einem Spritzbeutel mit Lochtülle Nr. 7 füllen, die Formen mit genügend Abstand auf das mit Pergamentpapier ausgelegte Blech spritzen.

Mit ihrem Überzug aus Fondant und dekoriert mit kandierten Veilchen und süßen Goldperlen sehen sie irgendwie altmodisch aus. Trotzdem sind sie nach wie vor höchst beliebt und begehrtes Finale eines mehrgängigen Menüs, oder sie werden als Begleiter zum Kaffee oder Espresso gereicht.

Für 20 bis 25 Petits fours
Für den Biskuit:
6 Eiweiße, 70 g Zucker
60 g Speisestärke (Weizenpuder), 5 Eigelbe
Abgeriebenes von 1/2 unbehandelten Zitrone
1 Messerspitze Salz, 60 g Mehl
Für die Buttercreme:
300 g Butter, das Mark von 1/2 Vanilleschote
2 Eier, 3 Eigelbe, 180 g Zucker

Außerdem:
200 g Aprikosenkonfitüre
2 cl Rum, 400 g Fondant

Für den Biskuit die Eiweiße zu steifem Schnee schlagen, 2/3 des Zuckers langsam einrieseln lassen und weiterschlagen, bis ein schnittfester Eischnee entstanden ist. Weiterverfahren, wie in der Bildfolge gezeigt. Das Spritzen der Formen sollte schnell gehen, damit der Teig nicht zusammenfällt. Bei 190 °C im vorgeheizten Ofen in 10 bis 12 Minuten schön hellbraun backen. Damit der Dampf abziehen kann, die Ofentür einen kleinen Spalt offen lassen. Die Biskuitschalen aushöhlen, von der Hälfte die Unterseite gerade schneiden, damit die Petits fours besser stehen. Für die Füllung die Butter mit dem Vanillemark schaumig rühren. Die Eier, die Eigelbe und den Zucker im Wasserbad aufschlagen. Von der Hitzequelle nehmen und kalt schlagen. Die Eiermasse portionsweise unter die Butter rühren. Je 2 ausgehöhlte Schalen mit der Creme füllen – mit einem Spritzbeutel geht es am schnellsten – und zusammensetzen. Im Kühlschrank fest werden lassen. Die Petits fours mit Aprikotur bestreichen, bis zur Unterseite in die mit Rum parfümierte Fondantglasur tauchen, auf einem Gitter ablaufen und abtrocknen lassen. In Papierkapseln setzen.

Die reifsten Feigen sind die besten, denn erst dann haben sie genügend Zucker entwickelt, welcher das typische »Feigenaroma« hervorbringt.

Feigenschiffchen

FRISCHE FEIGEN UND GERIEBENE MANDELN MACHEN SIE ZUR TYPISCH MEDITERRANEN DELIKATESSE.

Die Feigen sollten für dieses Rezept wirklich vollreif und entsprechend süß sein, denn nur dann ergänzen sie sich geschmacklich mit der Mandelfüllung. An der Pflanze ausgereifte Früchte, wie sie in den sonnigen Mittelmeerländern angeboten werden, liefern dafür natürlich die beste Voraussetzung. Werden die Feigen mit etwas Zitronensaft mariniert, kommt ihr fruchtiger Geschmack genügend zur Geltung.

Einen besonders delikaten Geschmack bekommen die Schiffchen, wenn die Feigen zusätzlich mit 4 cl Grand Marnier übergossen werden.

Für 16 bis 20 Stück
Für den Mürbteig:
260 g Mehl, 120 g Butter
60 g Puderzucker
1 Ei, 1/4 TL Salz
2 bis 3 EL Milch
Für die Füllung:
250 g frische Feigen
Saft von 1 Zitrone
150 g Butter
150 g Puderzucker
Abgeriebenes von 1 unbehandelten Zitrone
2 Eier, 150 g geschälte, geriebene Mandeln
40 g Mehl
Außerdem:
Schiffchenformen von 10 cm Länge
Puderzucker zum Besieben

1. Für den Teig das Mehl auf eine Arbeitsfläche sieben und in die Mitte eine Mulde drücken. Die Butter in Stücken, den Puderzucker, das Ei, das Salz und die Milch hineingeben. Alles zu einem Mürbteig arbeiten, wie auf Seite 6 beschrieben. Den Teig zu einer Kugel formen, in Folie hüllen und mindestens 1 Stunde kühl ruhen lassen.

2. Den Teig auf einer bemehlten Arbeitsfläche 3 mm dick gleichmäßig ausrollen. Die ungefetteten Schiffchenformen damit auslegen, den Teig mit den Fingern andrücken und den überstehenden Teig abschneiden. Mit einer Gabel gleichmäßig einstechen, damit sich keine Blasen bilden.

3. Für die Füllung die Feigen schälen, das Fruchtfleisch in grobe Würfel schneiden, in eine Schüssel geben und mit dem Zitronensaft marinieren. Die Butter und den Puderzucker mit der abgeriebenen Zitronenschale und den Eiern schaumig rühren. Die Mandeln mit dem Mehl vermischen und unter die Butter-Eier-Masse rühren. Die marinierten Feigenstücke darunterheben. Die Füllung in die vorbereiteten Förmchen füllen.

4. Bei 180 ° C in den vorgeheizten Ofen schieben und die Schiffchen in 20 bis 25 Minuten schön hellbraun backen. Herausnehmen und etwas abkühlen lassen. Aus den Förmchen nehmen und nach dem Erkalten mit Puderzucker besieben.

Himbeertörtchen

TÖRTCHEN MIT FRISCHEN HIMBEEREN SIND ZWAR EIN EINFACHES GEBÄCK, ABER DENNOCH EINE DELIKATESSE.

Zu diesem Geschmackserlebnis verhelfen ein feiner Mürbteig, Mandeln und natürlich frische, wirklich reife Himbeeren. Die Zubereitung ist recht einfach; und einmal davon abgesehen, daß der Mürbteig »blind« vorgebacken werden muß – was einige Zeit kostet –, ist der Rest schnell getan.

Für 10 bis 12 Stück
Für den Mürbteig:
400 g Mehl, 200 g Butter, 110 g Puderzucker
1 Eigelb, 1/4 TL Salz
Für die Creme:
300 ml Milch, 60 g Zucker
1 Messerspitze Salz, 2 Eigelbe
30 g Speisestärke, 2 Eiweiße
150 g Marzipanrohmasse
80 g geschälte, geriebene Mandeln
Für den Belag:
400 g frische Himbeeren
Außerdem:
Torteletttförmchen von 10 cm Durchmesser
Backpapier und Hülsenfrüchte zum Blindbacken
Puderzucker zum Besieben

1. Für den Mürbteig das Mehl auf eine Arbeitsfläche sieben und in die Mitte eine Mulde drücken. Die Butter in Stücken, den Puderzucker, das Eigelb und das Salz hineingeben. Zu einem Teig arbeiten, wie auf Seite 6 beschrieben. Den Teig in Folie wickeln und 1 bis 2 Stunden im Kühlschrank ruhen lassen.

2. Den Teig auf einer bemehlten Arbeitsfläche dünn ausrollen und die Torteletttförmchen damit auslegen, dabei die Teigränder an die Formen drücken und die überstehenden Ränder abschneiden. Blindbacken, wie auf Seite 70 beschrieben. Dafür das Backpapier einlegen und die Hülsenfrüchte einfüllen. Bei 220 °C im vorgeheizten Ofen 10 Minuten backen. Die Hülsenfrüchte und das Papier entfernen.

3. Für die Creme die Milch mit 1/4 des Zuckers und dem Salz zum Kochen bringen. Die Eigelbe mit der Speisestärke verrühren und einige Löffel von der warmen Milch darunterrühren. Diese Mischung unter ständigem Rühren mit einem Schneebesen unter die kochende Milch rühren, bis diese bindet. Kräftig durchrühren und die Creme einige Male aufwallen lassen. Parallel dazu die Eiweiße zu steifem Schnee schlagen, dabei den restlichen Zucker einlaufen lassen. Den steifen Eischnee unter die kochende Creme rühren und sofort vom Herd nehmen.

4. Die Marzipanrohmasse mit 2 bis 3 Löffeln der heißen Creme streichfähig verrühren. Nach und nach die restliche Creme daruntergeben. Es sollen keine Klümpchen vorhanden sein. Zuletzt die geriebenen Mandeln unterrühren. Die Creme in die Förmchen verteilen und glattstreichen.

5. Die Himbeeren dicht aneinander auf die Creme setzen und dick mit Puderzucker besieben. Die Törtchen unter den vorgeheizten Grill schieben und gratinieren, bis sich ein guter Teil des Puderzuckers in Karamel verwandelt hat.

Gâteau Saint-Honoré

DIESE SPEZIALITÄT IST INTERNATIONAL SO BEKANNT, DASS EINE ÜBERSETZUNG ALS »ST. HONORATIUS-TORTE« NUR IRREFÜHREND WÄRE.

Sie gehört zwar zu den traditionellen Spezialitäten der französischen Patisserie, ist aber mit ihrer luftig-leichten Creme auf einem ebensolchen Boden eine höchst moderne Torte. Man sollte sie frisch genießen, solange der knusprige Teig noch im angenehmen Kontrast zu der Creme steht.

150 g Blätterteig, tiefgefroren
Für den Brandteig:
150 ml Wasser, 50 g Butter
1 Messerspitze Salz, 150 g Mehl, 3 Eier
Für die Vanillecreme:
300 ml Milch, ausgeschabtes Mark von 1 Vanilleschote
30 g Zucker, 3 Eigelbe, 30 g Speisestärke
4 Eiweiße, 180 g Zucker
Für die Glasur:
150 g Zucker, 50 ml Wasser
Außerdem:
2 Backbleche, Fett für 1 Blech

Für den Boden den Blätterteig auftauen und zu einer runden Platte von 27 cm Durchmesser ausrollen. Auf ein mit kaltem Wasser benetztes Backblech legen und mit der Gabel mehrmals einstechen, damit er keine Blasen wirft. Für den Brandteig, wie auf Seite 7 gezeigt, das Wasser, die Butter und das Salz in eine Kasserolle geben und unter ständigem Rühren einmal aufkochen lassen.

Das gesiebte Mehl auf einen Schlag in die kochende Flüssigkeit schütten, dabei ununterbrochen kräftig weiterrühren und weitererhitzen, bis sich die Masse als Kloß vom Topf löst und eine weiße Haut den Topfboden überzieht. Die Masse in eine Schüssel umfüllen und etwas abkühlen lassen. 1 Ei unterrühren, bis es sich völlig mit der Masse verbunden hat. Nacheinander die restlichen Eier zugeben,

Das unter dem Grill gebräunte Gitter aus Baisermasse gehört im allgemeinen nicht zum Original der St. Honoré-Torte. Da man aber für die Füllcreme ohnehin das Eiweiß zu Schnee schlagen muß, hält sich der zeitliche Mehraufwand für die schöne Garnitur in Grenzen.

Auf den Blätterteigboden die Brandmasse spritzen: zuerst außen einen Ring, mit etwas Abstand innen einen zweiten, kleineren und in die Mitte einen Tupfen spritzen.

Den Boden bei 220 °C in 15 bis 18 Minuten im vorgeheizten Ofen knusprig hellbraun backen. Nach 10 Minuten jedoch schon den Bräunungsgrad prüfen.

dabei darauf achten, daß jedes einzelne Ei gut untergerührt ist, bevor das nächste folgt. Den Brandteig, wie gezeigt, mit einem Spritzbeutel mit Sterntülle Nr. 11 auf den Blätterteigboden spritzen und aus dem restlichen Teig mit einer Stern- oder Lochtülle auf ein zweites, leicht gefettetes Backblech 16 kleine Tupfer spritzen. Diese kleinen Windbeutel nach dem Tortenboden ebenfalls bei 220 °C im vorgeheizten Ofen backen. Für die Creme die Milch mit dem Vanillemark und dem Zucker zum Kochen bringen. Die Eigelbe mit der Speisestärke und 1 bis 2 EL der heißen Milch verrühren. Diese Mischung unter kräftigem Rühren mit dem Schneebesen in die Milch gießen und einige Male aufwallen lassen, bis die Creme richtig gebunden ist. Gleichzeitig die Eiweiße schlagen, dabei den Zucker einrieseln lassen und weiterschlagen, bis eine schnittfeste Baisermasse entsteht. 3/4 davon unter die kochende Vanillecreme rühren und diese sofort auf den Boden füllen, die Oberfläche kuppelförmig glattstreichen. Die restliche Baisermasse in einen Spritzbeutel mit Lochtülle Nr. 5 füllen und auf die Kuchenoberfläche ein Gitter spritzen. Unter den Grill schieben und das Gitter schön bräunen lassen. Für die Glasur den Zucker mit dem Wasser so lange kochen, bis die Flüssigkeit vollständig geklärt ist. Vom Herd nehmen, die kleinen Brandteigkugeln hineintauchen und rings um die Torte setzen. Die Torte 1 Stunde gut kühlen, servieren.

In den kochenden Karamel den Zitronensaft gießen. Dadurch schmeckt er besser und bleibt vor allem geschmeidiger.

Croquembouche

EINE AUFWENDIG ZUBEREITETE PYRAMIDE, DIE FESTLICHE TAFELN ERSTRAHLEN LÄSST.

Ein solch eßbares »Deko-Monster« nennt man in Frankreich auch Pièce montée, und es schmeckt sogar sehr fein. Es besteht aus kleinen Windbeuteln, wie man sie als Dessert oder zum Kaffee ißt. Hier werden sie in Karamel getaucht und zu der Pyramide zusammengesetzt. Der erstarrte Karamel hält das filigrane Gebilde dann zusammen. Besonders fein schmecken die kleinen Croquembouche, wenn sie mit einer Vanillecreme gefüllt werden. Dafür in die Windbeutel je ein kleines Loch drücken und die Creme hineinspritzen.

Für den Mürbteig:
200 g Mehl, 120 g Butter, 50 g Zucker
Für etwa 60 Bällchen aus Brandteig:
1/2 l Wasser, 200 g Butter, 1 TL Salz
500 g Mehl, 10 bis 12 Eier
Für die Karamelglasur:
400 g Zucker, 1/8 l Wasser, 3 TL Zitronensaft
Zum Garnieren:
Dragées, Zuckermandeln
Außerdem:
1 Backblech, Fett und Mehl für das Blech
fester Karton für den Kegel
Backpapier zum Einschlagen des Kartonkegels
Öl zum Einfetten

Den Mürbteig zubereiten und kühlen, wie auf Seite 6 beschrieben. Zu einem Boden von 40 cm Durchmesser ausrollen und bei 180 °C hellbraun backen. Den Brandteig zubereiten, wie auf Seite 7 beschrieben. Das Backblech ausfetten und mit Mehl bestauben. Von dem Brandteig mit zwei Löffeln kleine Kugeln auf das Backblech setzen oder den Teig in einen Spritzbeutel mit Lochtülle Nr. 8 füllen und kleine Bällchen auf das Blech spritzen. Bei 210 °C im vorgeheizten Ofen in 12 bis 15 Minuten hellbraun backen. Für das Gerüst einen Kegel aus dem Karton formen, der etwa 35 cm Durchmesser an der Basis und 45 cm Höhe haben sollte. Diesen Kartonkegel mit Backpapier umwickeln und ganz stark einölen, damit sich der Karamel später auch wieder lösen kann. Für die Karamelglasur den Zucker mit dem Wasser aufkochen, bis die Flüssigkeit klar ist, und bei ganz schwacher Hitze 2 bis 3 Minuten weiterköcheln lassen. Den Zitronensaft zugeben und gut umrühren. Die Windbeutel in den Karamel tauchen und um die Kegelform aneinandersetzen. Am besten geht dies, wenn die Windbeutel vorher auf eine Stricknadel oder eine Zwei-Zinken-Gabel aufgespießt werden. Die Pyramide fertigstellen, wie gezeigt, und ganz nach Belieben garnieren.

Aus dem Brandteig mit zwei Löffeln (oder Spritzbeutel mit Lochtülle) gleichmäßige Kugeln formen und auf das Backblech setzen. Backen. In Karamel tauchen und die Bällchen aneinander»kleben«: dafür ringförmig die Croquembouche von unten nach oben »klettern« lassen.

Die Spitze freihalten, bis der Karamel fest geworden ist und die Pyramide zusammenhält. Mit einem Messer von der eingeölten Arbeitsplatte lösen und den Kartonkegel vorsichtig herausziehen. Auf den Mürbteigsockel setzen. Mit den letzten Bällchen eine Spitze formen.

Einen betörenden Duft verströmen die Orangenblüten. Aus ihnen werden Tee und das Orangenblütenwasser hergestellt – ein traditionelles Würzmittel in der orientalischen Küche.

Tarte à l'orange

EINE KLASSISCHE TORTE AUS FRANKREICH, DIE ABER TROTZDEM IN VIELEN VARIATIONEN ZUBEREITET WIRD.

Eine Creme mit zartem Mandelaroma auf knusprigem Mürbteig ist die Basis für dieses Gebäck. Meist werden dafür die Orangen mit der Schale – natürlich nur von unbehandelter Ware – verwendet. Das ergibt zwar einen sehr kräftigen, aber auch deutlich bitteren Geschmack. Das folgende Rezept wird mit geschälten Orangen realisiert – und ist damit süßer und zarter im Geschmack!

Für den Mürbteig:
190 g Mehl, 80 g Butter, 50 g Puderzucker
1 Ei, 1 Messerspitze Salz
Für die Creme:
70 g Marzipanrohmasse, 1 Eiweiß, 2 cl Amaretto
40 g Puderzucker, 2 Blatt Gelatine, 200 ml Milch
ausgeschabtes Mark von 1/2 Vanilleschote
60 g Zucker, 2 Eigelbe, 20 g Speisestärke
Für die Orangen:
1 kg Orangen, 125 g Zucker, 1/8 l Wasser
Zum Garnieren:
120 g Orangenmarmelade, 60 ml Wasser
1 Maraschinokirsche
Außerdem:
1 konische Springform (28 cm Durchmesser)
Backpapier, Hülsenfrüchte zum Blindbacken

1. Für den Teig alle Zutaten verarbeiten, wie auf Seite 6 gezeigt. Den Teig in Folie wickeln und mindestens 1 Stunde kühlen.

Geschälte Orangenscheiben verleihen der Torte nicht nur mehr Süße, sie sind auch weicher im Gefüge als jene mit Schale.

2. Den Teig 3 mm stark ausrollen, in die Form legen. In 25 Minuten bei 200 °C im vorgeheizten Ofen blindbacken, wie auf Seite 70 gezeigt.

3. Für die Creme die Marzipanrohmasse mit dem Eiweiß, dem Amaretto und dem Puderzucker zu einer absolut glatten Masse verrühren. Die Gelatine in etwas kaltem Wasser einweichen. Die Milch mit dem Vanillemark und dem Zucker aufkochen. Die Eigelbe mit der Speisestärke und 1 bis 2 EL der heißen Milch verrühren. Unter Rühren in die Milch gießen und mehrmals aufwallen lassen. Vom Herd nehmen und die ausgedrückte Gelatine unterrühren und dabei auflösen. Die Creme fast erkalten lassen, dabei ab und zu umrühren, damit sich keine Haut bildet. Die Marzipanmasse unterrühren. Auf den Kuchenboden geben.

4. Die Orangen schälen und dabei möglichst sorgfältig die bittere weiße Innenhaut abziehen. Die Orangen mit einem Sägemesser oder am besten mit einer Aufschnittmaschine in gleichmäßig dünne – 3 mm starke – Scheiben schneiden. Den Zucker mit dem Wasser erhitzen und die Orangenscheiben schuppenartig hineinlegen. Sofort vom Herd nehmen, zudecken und langsam auskühlen lassen. Die völlig kalten Scheiben herausnehmen und die Oberfläche der Torte damit überlappend belegen.

5. Die Orangenmarmelade mit dem Wasser in einer kleinen Kasserolle 2 bis 3 Minuten kochen, durch ein feines Sieb streichen und die Orangenscheiben damit bestreichen. Die Mitte der Torte mit einer Maraschinokirsche garnieren.

Kugelhopf à l'alsacienne

DER ELSÄSSER GUGELHUPF GEHÖRT HEUTZUTAGE ZUM ANGEBOT JEDER BÄCKEREI IN DIESEM TEIL FRANKREICHS.

Er unterscheidet sich aber vom deutschen Napfkuchen oder gar vom österreichischen Germgugelhupf nur sehr wenig. Die Basis ist ein mehr oder minder reichhaltiger Hefeteig, der mit Butter und relativ viel Eiern zubereitet wird. Beim Original-Elsässer wird oft auf den Boden der Form, nachdem sie kräftig gebuttert wurde, in jede Rille eine halbe Mandel gelegt.

Die Landschaft des Elsaß und die Form des »Kugelhopf« passen irgendwie zusammen. In diesen Dörfern und Städtchen mit Kopfsteinpflaster und Fachwerkhäusern erwartet man gar nichts anderes als Gebäck in solch traditioneller Form. Die Tonformen selbst werden wie eh und je ebenfalls im Elsaß gebrannt.

Für den Teig:
500 g Mehl, 40 g Hefe, 1/8 l lauwarme Milch
100 g Rosinen, 2 cl Rum, 180 g Butter, 120 g Zucker
1/2 TL Salz, 1 Messerspitze Muskatnuß
Abgeriebenes von 1 unbehandelten Zitrone
2 Eigelbe, 3 Eier

Nur Rosinen sollen in einen echten »Elsässer Gugelhupf«, sagen zumindest die Traditionalisten. Aber das muß man wirklich nicht so genau nehmen, denn wem Orangeat, Zitronat oder Mandeln im Hefeteig schmecken, der kann durchaus den Teig etwas reichhaltiger backen. Mehr als insgesamt 200 g Früchte pro 500 g Mehl sollten es aber nicht sein.

Außerdem:
1 Gugelhupfform von 22 cm Durchmesser
Butter und Brösel für die Form
Puderzucker zum Besieben

1. Das Mehl in eine Schüssel sieben, in die Mitte eine Mulde drücken. Die Hefe hineinbröckeln und mit der lauwarmen Milch auflösen. Den Vorteig mit Mehl bestauben und zugedeckt gehen lassen, bis die Oberfläche deutliche Risse zeigt.

2. Die Rosinen mit dem Rum übergießen und gut durchziehen lassen. Die in Stücke geschnittene

Butter mit den Gewürzen, den Eigelben und den Eiern schaumig rühren. Die Masse soll dabei ihr Volumen verdoppeln. Zum Vorteig geben und mit dem Mehl zu einem weichen Teig rühren. So lange schlagen, bis der Teig Blasen wirft und sich gut von der Schüsselwand löst. Zugedeckt erneut 20 bis 25 Minuten gehen lassen, bis er das Doppelte seines Volumens erreicht hat.

3. Die Form mit Butter dünn ausstreichen, kurz im Kühlschrank erstarren lassen, damit sich eine gleichmäßige Fettschicht bildet. Nochmals ausstreichen und mit Bröseln ausstreuen.

4. Die Rosinen ablaufen lassen und unter den Teig heben, dafür einen Holzspatel verwenden. Den Teig erneut kurz gehen lassen. In die vorbereitete Form füllen, die Oberfläche glattstreichen und zugedeckt noch einmal auf das Doppelte seines Volumens gehen lassen.

5. Bei 200 °C im vorgeheizten Ofen 45 Minuten backen. Sollte die Oberfläche zu schnell bräunen, mit einem gefalteten Backpapier abdecken. Stäbchenprobe machen. Den Kuchen aus dem Ofen nehmen, abkühlen lassen und aus der Form lösen. Mit Puderzucker besieben.

Kaffeetorte

DIE KOMBINATION VON KNUSPRIGEN JAPONAISBÖDEN MIT IHREM MANDELAROMA UND DER KAFFEECREME ERGIBT EIN DELIKATES RESULTAT.

Die Japonaismasse ist eine Art ganz leichte Makronenmasse, die nur aus Eiweiß, Zucker und Mandeln zubereitet und bei sehr niedriger Temperatur gebacken wird. Das folgende Rezept ist für 2 Torten von etwa 18 cm Durchmesser berechnet. Natürlich könnte man auch 1 Torte von 26 cm Durchmesser backen. In den romanischen Ländern aber liebt man die kleinen Torten für 6 bis 8 Portionen. Bei dieser Torte mit den empfindlichen Japonaisböden ist es sehr wichtig, daß sie frisch gegessen wird, möglichst noch am selben Tag, da die Böden sonst zu viel Feuchtigkeit aufnehmen und dadurch ihre Knusprigkeit verlieren.

Für die Japonaismasse:
6 Eiweiße, 80 g Zucker, 130 g feingeriebene Mandeln
80 g Puderzucker, 20 g Mehl
100 g gehobelte Mandeln
Für die Kaffeecreme:
1/2 l Milch, 10 g lösliches Kaffeepulver, 120 g Zucker
4 Eigelbe, 40 g Speisestärke, 300 g Butter
30 g Puderzucker, 4 cl Tia Maria (Kaffeelikör)
Zum Garnieren:
60 g gehobelte, geröstete Mandeln
1/8 l geschlagene Sahne, Schokoladenröllchen
Außerdem:
2 Backbleche, Backpapier zum Auslegen

Für die Böden die Eiweiße zu steifem Schnee schlagen, den Zucker langsam einrieseln lassen und weiterschlagen, bis ein schnittfester Eischnee entstanden ist. Die geriebenen Mandeln mit dem Puderzucker und dem Mehl vermischen, vorsichtig unter den Eischnee heben, damit er so wenig wie möglich an Volumen verliert. Die Backbleche mit Backpapier auslegen und darauf 6 Böden von 18 cm Durchmesser vorzeichnen. Die Masse darauf verteilen und möglichst glatte Böden aufstreichen. Mit den gehobelten Mandeln bestreuen und beide Bleche bei 150 °C in den vorgeheizten Ofen übereinander einschieben. Die Ofentür einen Spalt offen lassen, damit die Feuchtigkeit abziehen kann. Die Böden in 40 bis 50 Minuten ganz leicht hellbraun backen. Für die Creme die Milch mit dem Kaffeepulver und dem Zucker zum Kochen bringen. Die Eigelbe mit der Speisestärke verrühren, 2 bis 3 EL von der heißen Milch unterrühren. Unter ständigem Rühren mit einem Schneebesen in die kochende Milch einrühren, bis die Milch bindet. Kräftig rühren und einige Male aufkochen lassen. Die Creme in eine Schüssel umfüllen, die Oberfläche mit Puderzucker besieben, damit sich keine Haut bilden kann, und erkalten lassen. Die Butter mit dem Puderzucker schaumig rühren. Nach und nach die abgekühlte Creme unterrühren. Mit dem Kaffeelikör parfümieren. Die Böden vorsichtig vom Papier lösen. 2 Torten herstellen, wie gezeigt. Die beiden Torten mit der restlichen Creme einstreichen und mit den Mandeln einstreuen. Mit je einer Rosette aus Schlagsahne und Schokoladenröllchen garnieren.

Einen Boden auf eine Tortenunterlage legen, etwas Kaffeecreme daraufgeben und mit einer Palette gleichmäßig verstreichen.

Einen weiteren Boden paßgenau auflegen, ebenfalls mit Creme bestreichen und mit einem dritten Boden abdecken.

Die Torte in Form schneiden. Dafür einen passenden Topfdeckel auf die Torte drücken und die Ränder glattschneiden.

Zur Tradition gehören in England nicht nur die Uniformen der königlichen Garde, der Beefeaters am Tower oder der Bobbies. Die Traditionen reichen bis in die Küche, wie das Beispiel »Shortbread« zeigt.

Shortbread

NUR AUS BUTTER, MEHL UND ZUCKER WIRD DAS SHORTBREAD GEBACKEN – ABER MIT DER BUTTER BEGINNT DAS MISSVERSTÄNDNIS.

Wenn das selbstgebackene Shortbread so ganz anders schmeckt als in seiner englischen Heimat, dann ist in der Regel die Butter schuld, denn die ist dort salzig! In diversen seriösen Kochbüchern finden sich zwar eine ganze Reihe Shortbread-Rezepte – mal mit mehr und mal mit weniger Butter, mit würzenden Zutaten wie Marzipan, Mandeln, Walnüssen oder gar Kokosnüssen –, aber vom Salz ist nie die Rede, und dafür gibt es eine ganz simple Erklärung: In England kommt nur die gesalzene Butter in den Teig. Und das ist bei einem Traditionsgebäck wie dem Shortbread, das man seit vielen Generationen zubereitet, einfach nicht erwähnenswert. Aber Shortbread schmeckt eben nur typisch nach Shortbread, wenn das Salz durchkommt, denn sonst wäre es ja nur ein simpler Mürbteig.

Für 4 runde Shortbreads mit je 15 cm Durchmesser
300 g Butter, 200 g Zucker, 1 TL Salz, 500 g Mehl
Außerdem:
Butter für das Blech
1 Eigelb, feiner Zucker zum Bestreuen
Für Shortbread fingers mit Walnüssen (etwa 50 Stück)
300 g Butter, 200 g Zucker, 1 TL Salz
450 g Mehl, 100 g Walnüsse, fein gehackt

Die Variationen vom Shortbread reichen von »plain«, also ganz ohne, über gezuckert bis reichlich mit Zuckerglasur und Früchten garniert, wie sie zu Festtagen angeboten werden. Neben der traditionell runden Form werden aber auch Shortbread fingers gebacken. Sie sind besonders praktisch zum Tee, weil sie nicht wie die Brote gebrochen werden müssen.

Außerdem:
Butter für das Blech
feiner Zucker zum Wenden

1. Für die runden Shortbreads die Butter mit dem Zucker und dem Salz verrühren. Das Mehl sieben, zugeben und alles so schnell wie möglich zu einem Mürbteig kneten. 2 Stunden im Kühlschrank ruhen lassen.

2. Den Teig ausrollen und 4 runde Fladen daraus schneiden. Mit einem Messerrücken rautenförmig einkerben, wie hier gezeigt, damit sich die

Brote nach dem Backen auseinanderbrechen lassen. Sollen die Fladen später mit Zucker bestreut werden, müssen sie vor dem Backen noch mit Eigelb bepinselt werden. Auf ein leicht gefettetes Backblech setzen und mehrmals mit einer Gabel einstechen. Bei 190 °C im vorgeheizten Ofen 20 Minuten hellbraun backen. Die mit Eigelb bestrichenen Brote noch warm mit Zucker bestreuen, die anderen so belassen.

3. Für die Shortbread fingers die Butter mit dem Zucker und dem Salz verrühren. Das gesiebte Mehl und die gehackten Walnüsse zugeben und alles so schnell wie möglich zu einem Mürbteig verarbeiten. In Folie wickeln und 2 Stunden im Kühlschrank ruhen lassen.

4. Den gekühlten Teig auf einer bemehlten Arbeitsfläche 1,5 cm dick ausrollen und auf ein leicht gefettetes Backblech legen. Damit er nicht ausläuft, die offene Seite des Blechs mit einer Holzleiste oder einem gefalteten Streifen aus Alufolie abschließen. Die Teigplatte mit einer Gabel mehrmals einstechen und bei 190 °C im vorgeheizten Ofen etwa 25 Minuten hellbraun backen. Noch heiß in Streifen von 1,5 x 7 cm schneiden und sofort in Zucker wenden.

Gastfreundschaft wird in Schottland groß geschrieben – und die kann man auch heutzutage in vielen Hotels und Pensionen genießen.

Dundee Cake

DER BERÜHMTESTE UND ZUGLEICH BELIEBTESTE UNTER DEN FRÜCHTEKUCHEN GROSSBRITANNIENS.

Dundee – sein Name verrät seine Herkunft, den Osten Schottlands, und dort versteht man sich aufs Kuchenbacken. Vor allem die schweren Früchtekuchen, die nicht nur rund, wie der Dundee Cake, sondern auch in der Kastenform gebacken werden, haben es ihnen angetan. Ebenso die »Black Buns« und die »Banbury Cakes«, die so schwer von Früchten sind, daß sie mit einer Teigkruste umhüllt werden.

Für den Teig:
80 g Zitronat
60 g Orangeat
80 g geschälte Mandeln
400 g Rosinen
4 cl brauner Rum
250 g Butter
250 g Farinzucker
50 g Marzipanrohmasse
6 Eier
1 Messerspitze Salz
1 TL Backpulver
350 g Mehl
Außerdem:
1 Springform von 18 cm Durchmesser
Butter für die Form
100 g geschälte, halbierte Mandeln zum Belegen

Zitronat und Orangeat klein würfeln, die Mandeln grob hacken. Mit den Rosinen in eine Schüssel geben, mit dem Rum begießen, zudecken und mindestens 1 Stunde ziehen lassen. Die Springform ganz dünn mit Butter ausstreichen, damit das Backpapier besser hält, mit dem die Form ausgelegt wird: für den Boden das Papier rund, für den Rand einen Streifen von 10 cm Breite ausschneiden. Den Teig zubereiten, wie gezeigt, in die Form füllen und backen. Früchtekuchen wie der Dundee Cake schmecken erst nach 2 bis 3 Tagen so richtig gut. Sie können auch bis zu 2 Wochen gelagert werden, sofern sie kühl und trocken liegen und noch in Pergamentpapier – oder in Folie – gewickelt sind.

Die Butter, den Zucker und die Marzipanrohmasse mit dem Schneebesen oder einem Handrührgerät schaumig rühren.

Nach und nach die verrührten Eier sowie das Salz zugeben. Dabei die Masse ständig in Bewegung halten.

Das mit dem Backpulver gesiebte Mehl und die Früchte zu der Masse geben und mit einem Holzspatel unterrühren, bis kein Mehl mehr sichtbar ist.

Den Teig in die mit Papier ausgelegte Springform füllen und die Oberfläche mit einem Teigschaber oder einem kurzen Messer sorgfältig glattstreichen.

Die Oberfläche mit den Mandelhälften kranzförmig belegen. Bei 180 °C im vorgeheizten Ofen 65 bis 80 Minuten backen. Stäbchenprobe!

Gooseberry-Tart

VON JUNI BIS AUGUST IST DIE SAISON DER STACHELBEEREN UND NATÜRLICH AUCH DER STACHELBEERKUCHEN.

Wenn die Stachelbeeren so richtig reif sind, schmecken sie ganz hervorragend und werden nicht nur frisch gegessen, sondern auch zu Konfitüre eingekocht oder auf Kuchen gelegt. Doch dies geschieht bei uns nur im Hochsommer, zur Weihnachtszeit werden frische Stachelbeeren jedenfalls noch nicht angeboten, wie Erdbeeren, Himbeeren oder Johannisbeeren, doch das ist vielleicht auch nur eine Frage der Zeit.

Für den Mürbteig:
150 g Mehl, 100 g Butter, 50 g Zucker, 1 Eigelb
ausgeschabtes Mark von 1/2 Vanilleschote
Für den Belag:
700 g grüne Stachelbeeren
1/8 l Wasser, 200 g Zucker, 60 g Speisestärke
40 g geschälte, geriebene Mandeln
Für die Baiserhaube:
3 Eiweiße, 150 g Zucker
Außerdem:
1 Springform von 26 cm Durchmesser
Backpapier und Hülsenfrüchte zum Blindbacken

1. Für den Teig das Mehl auf eine Arbeitsfläche sieben und in die Mitte eine Mulde drücken. Die Butter in Stücken, den Zucker, das Eigelb und das Vanillemark hineingeben. Zu einem Mürbteig arbeiten, wie auf Seite 6 beschrieben. Den Teig in Folie hüllen und mindestens 1 Stunde im Kühlschrank ruhen lassen.

2. Den Teig auf einer bemehlten Arbeitsfläche ausrollen, in die Form legen und einen 3 cm hohen Rand formen. Blindbacken, wie auf Seite 70 gezeigt. Dafür das Backpapier einlegen und die Hülsenfrüchte einfüllen. Bei 200 °C im vorgeheizten Ofen 10 Minuten backen. Die Hülsenfrüchte und das Papier entfernen.

3. Für den Belag die Stachelbeeren waschen und putzen. In einer Kasserolle das Wasser mit dem Zucker aufkochen. Die Beeren zufügen und bei kleiner Hitze 15 Minuten köcheln. Für die Garnitur 15 Stachelbeeren 5 Minuten vor Ende der Kochzeit herausnehmen. Alle anderen Beeren in einem Sieb ablaufen lassen. Den aufgefangenen Saft erneut aufkochen. Die Speisestärke mit etwas kaltem Wasser anrühren und den Saft damit binden. Etwas abkühlen lassen. Die Mandeln und die Früchte unter den angedickten Saft rühren, auf dem vorgebackenen Boden verteilen und die Oberfläche glattstreichen.

4. Für die Baiserhaube die Eiweiße steif schlagen, dabei den Zucker einrieseln lassen und weiterschlagen, bis der Eischnee schnittfest ist. In einen Spritzbeutel mit Sterntülle Nr. 10 füllen und ein Gitter sowie Rosetten auf den Kuchen spritzen. Den Kuchen bei 190 °C im vorgeheizten Ofen in 20 Minuten bräunen. Aus dem Ofen nehmen und abkühlen lassen. Aus der Form lösen und mit den zur Seite gelegten Stachelbeeren garnieren.

Apfelkuchen mit Preiselbeeren

APPLES AND CRANBERRIES – EINE BELIEBTE KOMBINATION FÜR KUCHEN, NICHT NUR AUF DEN BRITISCHEN INSELN.

In England wird der Kuchen bevorzugt in runden Pieformen gebacken. Auf einem Backblech ist es aber wesentlich bequemer, da sich die Apfelscheiben leichter schichten und die Löcher besser mit Preiselbeeren füllen lassen.

Für den Hefeteig:
250 g Mehl, 20 g Hefe, 1/8 l lauwarme Milch
30 g Schweineschmalz, 20 g Zucker
1/4 TL Salz
Abgeriebenes von 1/2 unbehandelten Zitrone
1 Messerspitze Piment, 1 Ei
Für die Creme:
400 g saure Sahne
60 g Zucker

Saftig und frisch wird der Apfelkuchen durch die Creme aus saurer Sahne. Eine sehr feine geschmackliche Ergänzung sind frisch gehackte Mandeln, die vor dem Backen – etwa 120 g für dieses Rezept – über den Kuchen gestreut werden.

Frisch aus der Schale schmecken Mandeln wesentlich feiner, als wenn sie ohne diese dünne, schützende Hülle länger lagern, denn sie sind gegen äußere Einflüsse höchst empfindlich. Deshalb sollte man sich immer die Mühe machen, die benötigten Mandeln einige Stunden vor Gebrauch zu häuten und zu trocknen.

3 EL Speisestärke, 2 Eigelbe
Abgeriebenes von 1/2 unbehandelten Zitrone
50 g geriebene Mandeln
Für den Belag:
2 kg säuerliche Äpfel
400 g Preiselbeerkompott
Außerdem:
1 Backblech, Butter für das Blech
Puderzucker zum Besieben

1. Für den Hefeteig das Mehl in eine Schüssel sieben und in die Mitte eine Mulde drücken. Die Hefe hineinbröckeln und mit der lauwarmen Milch auflösen. Den Ansatz mit Mehl bestauben. Die Schüssel mit einem Tuch abdecken und den Vorteig an einem warmen, zugfreien Ort gehen lassen, bis die Oberfläche deutliche Risse zeigt.

2. Das Schmalz bei mittlerer Hitze erwärmen, mit dem Zucker, den Gewürzen und dem Ei gut verrühren. Zum Vorteig geben. Alles gut vermischen und zu einem glatten Hefeteig schlagen, wie auf Seite 10 beschrieben. Erneut zudecken und gehen lassen, bis der Teig das Doppelte seines Volumens erreicht hat.

3. Den Hefeteig auf eine bemehlte Arbeitsfläche geben und nochmals gut durchkneten. Gleichmäßig stark ausrollen. Das Blech fetten und den Teig darauflegen. Mit einer Gabel mehrmals einstechen, damit der Teig keine Blasen wirft.

4. Für die Creme die saure Sahne in einer Kasserolle mit dem Zucker, der Speisestärke, den Eigelben und der abgeriebenen Zitronenschale unter ständigem Rühren mit einem Schneebesen aufkochen, mehrmals aufwallen lassen. Die geriebenen Mandeln unterrühren. Die Creme lauwarm abkühlen lassen.

5. Die Äpfel waschen, schälen, in 1 cm dicke Scheiben schneiden und das Kerngehäuse ausstechen. Die Creme gleichmäßig auf dem Teig verstreichen. Die Apfelringe dachziegelartig darauflegen. In die Mitte je 1 TL Preiselbeerkompott setzen. Den Kuchen bei 200 °C im vorgeheizten Ofen etwa 25 Minuten backen. Aus dem Ofen nehmen und mit Puderzucker besieben. Den Kuchen weitere 5 Minuten unter den Grill schieben und die Oberfläche leicht karamelisieren lassen.

Sie blühen für die Torte – helle Sauerkirschen werden bevorzugt für die Holländer Kirschtorte verwendet. Im Gegensatz zu den dunklen, kräftig schmeckenden Weichseln haben sie einen zart-säuerlichen Geschmack.

Holländer Kirschtorte

BLÄTTERTEIG, SCHLAGSAHNE UND SAUERKIRSCHEN – EINE IDEALE KOMBINATION.

Ob der Ursprung dieser klassischen Sahnetorte aber wirklich in den Niederlanden zu suchen ist, bleibt dahingestellt, jedenfalls gehört sie als Torte oder auch als »Holländer Kirschschnitte« zum Repertoire jeder feinen Konditorei in Deutschland.

400 g Blätterteig, tiefgekühlt
Für die Füllung:
1 Glas Sauerkirschen mit Saft (450 g Fruchteinwaage)
1 Messerspitze Zimt
100 g Zucker
3 TL Speisestärke
3/4 l Sahne
Für die Glasur:
60 g Johannisbeerkonfitüre
80 g Fondant oder Eiweißglasur
Außerdem:
1 Springform von 26 cm Durchmesser

Der Blätterteig für diese Torte darf nicht zu stark aufgehen. Deshalb den Teig auftauen, in 8 bis 10 Stücke schneiden – damit seine gleichmäßigen Teig- und Fettschichten zerstört werden, und somit nicht mehr so stark aufgehen können – und auf einer bemehlten Unterlage wieder zusammenkneten. Den Teig in 3 Stücke teilen, in Folie wickeln und 1 Stunde im Kühlschrank ruhen lassen. Jedes Teigstück zu einem runden Boden von mindestens 28 cm Durchmesser ausrollen. Jeweils auf ein mit Backpapier belegtes Backblech legen, mehrmals einstechen. 1/2 Stunde ruhen lassen. In dem auf 220 °C vorgeheizten Ofen 10 bis 12 Minuten hellbraun backen. Dabei »schnurren« die Böden etwas zusammen, so daß sie etwa den Durchmesser der Form von 26 cm erreichen. Wenn nötig, die Böden noch zurechtschneiden. Die Kirschen abtropfen lassen. Den aufgefangenen Saft mit Zimt und der Hälfte des Zuckers aufkochen. Die mit etwas Wasser angerührte Speisestärke einrühren und kurz aufkochen lassen. Die Kirschen, bis auf 12, zugeben und abkühlen lassen. Die Sahne mit dem restlichen Zucker steif schlagen. Die Torte, wie rechts gezeigt, zusammensetzen, den geschnittenen Boden aufsetzen und jedes Stück leicht andrücken. Garnieren.

Einen Boden in die Form legen, dünn mit Sahne bestreichen. Mit einem Spritzbeutel (Lochtülle Nr. 12) 4 Sahneringe aufspritzen.

Die Sauerkirschen gleichmäßig zwischen die Sahneringe einlegen. Den zweiten Boden auflegen, leicht andrücken.

Eine zweite Sahneschicht bis zur Höhe des oberen Springformrandes einfüllen und sorgfältig glattstreichen.

Den Ring der Springform vorsichtig abnehmen und den Rand der Torte ringsherum gleichmäßig mit Sahne einstreichen.

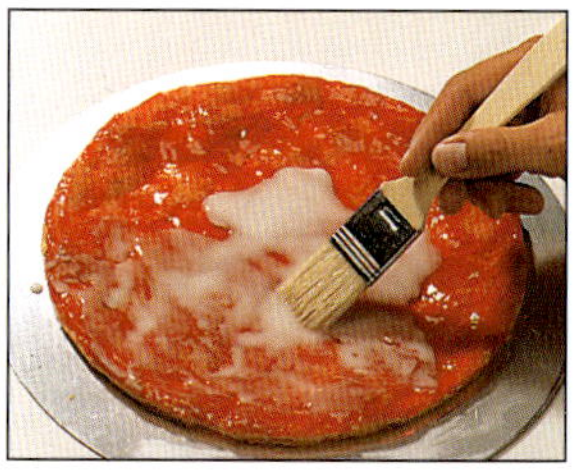

Den letzten Boden auf der Unterseite mit heißer Konfitüre bestreichen, abtrocknen lassen und dünn mit Fondant glasieren.

Die Glasur antrocknen lassen und den Boden mit einem langen, feuchten Messer in einzelne Tortenstücke schneiden.

Beim Schlendern durch die kleinen Gassen rund um die »Grand-Place« – den Marktplatz –, wird der Blick immer wieder vom Rathaus eingefangen. Dieses gehört zu den besterhaltenen weltlichen Bauten aus der Zeit der Gotik, und von dessen Turm, der mit einem Standbild des Heiligen Michael, des Schutzpatrons von Brüssel, versehen ist, bietet sich ein weiter Ausblick über die ganze Stadt.

Waffeln

EIN BELIEBTES GEBÄCK IN BELGIEN, DAS SCHNELL ZUBEREITET IST UND DURCH ZAHLREICHE BEIGABEN JEDERZEIT NEU VARIIERT WERDEN KANN.

Neben seinen berühmten Waffeln und Pralinen, die an sämtlichen Ständen frisch zu bekommen sind, bietet Brüssel weit mehr. Für den größeren Hunger präsentieren kleine, feine Restaurants in der »Rue des petits Bouchers« oder in der »Rue des Poissonniers« ihr Angebot auf eigenen Straßenständen. Dort bekommt der Gourmet zum Beispiel frische Fische zu sehen und kann sich somit nach Gelüsten für ein Mahl entscheiden. Auf der »Grand-Place« lohnt sich ein Besuch des Brüsseler Brauereimuseums, um danach in der stimmungsvollen Kneipe nebenan eine Kostprobe des belgischen Biers zu würdigen.

Für 9 gefüllte Sandwaffeln
Für den Teig:
175 g Butter, 175 g Zucker
ausgeschabtes Mark von 1/2 Vanilleschote
1 Prise Salz, 4 Eier, 1 EL Rum
200 g Mehl, 1/2 gestrichener TL Backpulver
Für die Füllung:
1/4 l Sahne, 30 g Puderzucker
Außerdem:
1 quadratisches Waffeleisen, 3 EL Öl zum Ausfetten
Puderzucker zum Besieben

1. Für den Teig die Butter mit dem Zucker, dem Vanillemark und dem Salz schaumig rühren. Unter ständigem Rühren nacheinander die Eier zugeben. Darauf achten, daß jedes Ei gut verrührt ist, bevor das nächste folgt. Den Rum unterrühren. Das Mehl mit dem Backpulver sieben, zugeben und gut miteinander vermengen.

Waffeln in sämtlichen Formen und mit den verschiedensten Füllungen gehören zu Belgien. Manche werden nur zu einem bestimmten Fest gebacken, wie die »bonans« zu Neujahr. Andere bekommt man das ganze Jahr über, frisch und warm vom Stand: entweder nur mit Puderzucker besiebt, mit Schlagsahne und frischen Früchten garniert, oder auch mit Kirschen- oder Ananaskompott gefüllt.

2. Das Waffeleisen auf Stufe 3,5 anheizen, die Innenflächen gut mit Öl bestreichen. Den Teig in 6 Portionen backen. Dafür jeweils 2 EL Teig auf das Waffeleisen streichen, schließen und die Waffeln hellbraun backen. Das dauert je nach Temperatur des Waffeleisens 4 bis 5 Minuten. Die fertigen Waffeln in die vorgegebenen 3 Stücke teilen, so daß 18 kleine Waffeln entstehen.

3. Die Sahne steif schlagen, den Puderzucker dabei einrieseln lassen. In einen Spritzbeutel mit Sterntülle Nr. 8 füllen und auf die Hälfte der Waffeln spritzen. Mit den restlichen Waffeln abdecken und mit Puderzucker besieben.

Für 9 Hefewaffeln:
3 Eier, 500 g Mehl, 35 g Hefe, 350 ml lauwarme Milch
160 g zerlassene Butter, 50 g Zucker, 1 Prise Salz
Zum Garnieren:
1/4 l Sahne, 30 g Puderzucker
100 g Himbeeren, Ahornsirup
Außerdem:
1 Herzwaffeleisen, 3 EL Öl zum Ausfetten

1. Die Eiweiße steif schlagen. Das Mehl sieben, in die Mitte eine Mulde drücken. Die Hefe in 3 EL der Milch auflösen, mit der restlichen Milch zugeben und mit etwas Mehl vom Rand vermischen. Die Butter mit den Eigelben, dem Zucker und dem Salz zugeben, gut vermischen. Den Eischnee unterheben. Den Teig gut verrühren. Zugedeckt auf das Doppelte seines Volumens gehen lassen.

2. Das Waffeleisen auf Stufe 3,5 anheizen und die Innenfläche mit Öl bestreichen. Für jede Waffel 3 EL Teig auf das Waffeleisen streichen und goldbraun backen. Das dauert je nach Temperatur des Waffeleisens 4 bis 5 Minuten.

3. Inzwischen die Sahne steif schlagen, dabei den Puderzucker einrieseln lassen. Zum Servieren auf jede Waffel einen Sahnetupfer geben, mit Himbeeren belegen und mit Ahornsirup beträufeln.

Bûche de Noël

DIESER »BAUMSTAMM« IST DAS TRADITIONELLE WEIHNACHTSGEBÄCK IN FRANKREICH UND BELGIEN.

Basis für diese beliebte Roulade ist immer ein Biskuit, der meist mit Schokoladenbuttercreme, aber auch mit Kaffee- oder Nougatcreme gefüllt wird. Die Dekoration ist natürlich weihnachtlich – doch dafür gibt es keine traditionellen Regeln.

Für den Biskuit:
6 Eigelbe, 80 g Zucker
1 Messerspitze Salz
Abgeriebenes von 1/2 unbehandelten Zitrone
3 Eiweiße, 20 g Speisestärke, 60 g Mehl
Für die Schokoladenbuttercreme:
250 g weiche Butter
30 g Kakaopulver
50 g bittere Schokolade
2 Eier, 3 Eigelbe, 170 g Zucker
Außerdem:
1 Backblech
Backpapier zum Auslegen

1. Für den Biskuit die Eigelbe mit etwa 1/3 des Zuckers, dem Salz und der Zitronenschale schaumig rühren. Die Eiweiße zu Schnee schlagen, dabei den restlichen Zucker langsam einrieseln lassen und weiterschlagen, bis der Schnee schnittfest ist. Mit einem Holzspatel den Eigelbschaum unter den Eischnee rühren. Das mit der Speisestärke gesiebte Mehl darunterheben.

2. Das Backblech mit Backpapier auslegen. Darauf die Biskuitmasse gleichmäßig stark verstreichen und bei 220 °C im vorgeheizten Ofen in 8 bis 10 Minuten hellbraun backen. Die fertig gebackene Biskuitplatte auf ein leicht feuchtes Tuch stürzen, mit einem weiteren feuchten Tuch bedecken und abkühlen lassen.

3. In der Zwischenzeit die Creme zubereiten. Dafür die weiche Butter mit dem Kakaopulver und der geschmolzenen, noch lauwarmen Schokolade schaumig rühren. In einem zweiten Gefäß die Eier, die Eigelbe und den Zucker mit dem Handrührgerät oder einem Schneebesen im Wasserbad lauwarm aufschlagen. Aus dem Wasserbad nehmen und kalt rühren. Unter die schaumige Butter-Schokoladen-Masse rühren.

4. Von der Biskuitplatte vorsichtig das Papier abziehen und etwa 2/3 der Schokoladencreme gleichmäßig darauf verstreichen. Von dieser Platte einen Streifen von etwa 10 cm Breite abschneiden und zu 2 kleinen Rouladen aufrollen, die später die beiden Äste ergeben sollen. Die restliche Platte zu der Roulade aufrollen und mit der verbliebenen Creme bestreichen. Mit einer Gabel oder einem Garnierkamm längs ein Rindenmuster einriffeln. Die beiden in gleicher Weise eingestrichenen kleinen Rouladen als Äste ansetzen.

5. Der Baumstamm kann ganz nach Belieben dekoriert werden. Die Pilze aus Baisermasse, welche durch Blätter aus grün gefärbtem Marzipan ergänzt werden, sind nur ein Beispiel.

Die Kuchenoberfläche nach 15 Minuten Backzeit mit einem in Wasser getauchten Spitzmesser längs einschneiden. Dadurch kann sich der Kuchen gleichmäßig ausdehnen.

Sandkage

DER SANDKUCHEN GEHÖRT IN DÄNEMARK ZUR GRUNDAUSSTATTUNG EINER KAFFEETAFEL.

Es paßt auch kein Kuchen besser zu einem Milchkaffee – und in Skandinavien wird viel Kaffee getrunken – als der trockene Sandkuchen, der sich so gut zum Eintauchen eignet. Gebacken wird er meist in einer gebutterten Kranzform oder in der praktischen Kastenform. Diese läßt sich leicht mit Papier auslegen, welches dafür sorgt, daß sich der Kuchen auch ohne Glasur länger frisch hält. Ein wirklich feiner »Sandkage« wird natürlich ohne Triebmittel gebacken, das dem zarten Geschmack immer leicht abträglich ist.

6 Eier, 4 Eigelbe
200 g Zucker, 1 Messerspitze Salz
Abgeriebenes von 1 unbehandelten Zitrone
180 g Mehl, 120 g Speisestärke
200 g Butter
Außerdem:
1 Kastenform von 30 cm Länge
Puderzucker zum Bestauben

Die Kastenform mit Papier auskleiden, wie in der Bildfolge gezeigt. Für den Teig die Eier, die Eigelbe, den Zucker, das Salz und die abgeriebene Zitronenschale im Wasserbad bei maximal 40 °C warm schlagen. Aus dem Wasserbad nehmen und kalt schlagen. Das Mehl und die Speisestärke zusammen sieben und unter die Eier-Zucker-Mischung melieren. Die Butter erwärmen, abschäumen und langsam unterziehen. Die Masse in die Form laufen lassen und bei 190 °C im vorgeheizten Ofen 45 bis 50 Minuten backen. Sobald die Oberfläche eine hellbraune Haut gezogen hat – etwa nach 15 Minuten –, den Kuchen einschneiden, wie oben links gezeigt. Nach dem Backen 15 Minuten in der Form auskühlen lassen. Vorsichtig aus der Form heben, die Oberfläche mit Puderzucker bestauben. Das Papier erst vor dem Verzehr entfernen.

Sandkuchen mit Backpulver: Für diese schnellere Variante 250 g Butter mit 160 g Zucker schaumig rühren. 4 Eier nacheinander zugeben und unterrühren. 2 TL Vanillezucker und 1 TL abgeriebene Schale einer unbehandelten Zitrone zugeben. Kräftig schlagen, bis eine glatte Mischung entsteht. 200 g feines Mehl, 80 g Speisestärke und 2 1/2 TL Backpulver in eine Schüssel sieben und 1/4 TL Salz zugeben. Auf einen Schlag in die Butter-Zucker-Eier-Mischung schütten und kurz unterrühren, bis alle Zutaten gut miteinander vermischt sind. Den Teig in die Form füllen und bei 180 °C im vorgeheizten Ofen in 50 bis 60 Minuten goldbraun backen. Nach 15 bis 20 Minuten die Oberfläche des Kuchens einschneiden, wie links außen gezeigt.

Die Kastenform auf ein rechteckiges Stück Backpapier legen und ihre Umrisse mit einem Bleistift leicht nachzeichnen. Die Ecken jeweils verlängern.

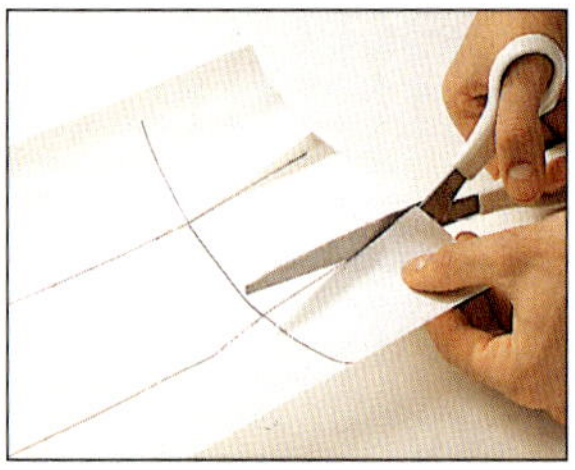

Alle 4 Ecken am Ende der Längsseiten ein- und zur Hälfte abschneiden. Das Papier an allen markierten Linien scharfkantig nach innen falten.

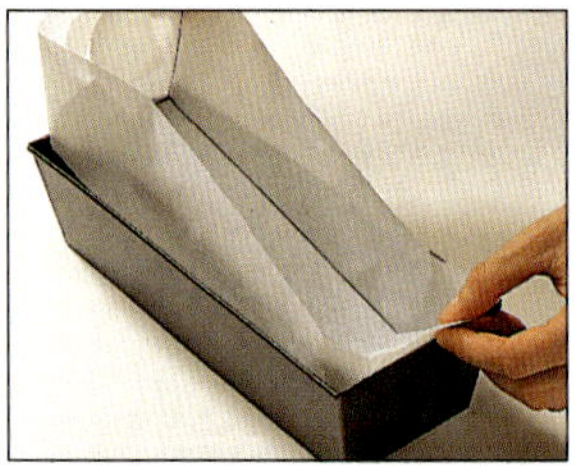

Das gefaltete Papier in die Form setzen, dabei die eingebogenen und beschnittenen Ecken hinter den kurzen Seitenteilen zusammenfalten.

Wienerbrød

DAS BLÄTTRIGE HEFETEIGGEBÄCK IST ABER IN WIEN ALS »KOPENHAGENER« UND SONST AUF DER WELT ALS »DÄNISCHER PLUNDER« BEKANNT.

Es ist so luftig und locker, daß »danish pastry« weltweit zum Inbegriff für feines Kaffeegebäck wurde. Wie beim Blätterteig bewirken hauchdünne Butterschichten zwischen den Teiglagen das Aufgehen und führen zu einer blättrigen Konsistenz. Beim Plunder wird der Hefeteig »kalt geführt«, das heißt, alle Zutaten werden – ohne Vorteig – auf einmal zu einem Teig verarbeitet.

Für den Plunderteig:
750 g Mehl, 50 g weiche Butter, 80 g Zucker
1 TL Salz, 3 Eier, 40 g Hefe
1/4 l lauwarme Milch, 400 g Butter zum Einschlagen
80 g Mehl für die Butter

Für den Teig das Mehl auf eine Arbeitsfläche sieben und in die Mitte eine Mulde drücken. Die Butter, den Zucker, das Salz und die Eier hineingeben. Die Hefe zerbröckeln, in der lauwarmen Milch auflösen und in die Mulde gießen. Alle Zutaten mit der Hand zu einem glatten Teig kneten. In Folie hüllen, 2 bis 3 Stunden im Kühlschrank ruhen lassen. Die Butter zum Einschlagen bei Raumtemperatur weich werden lassen und mit dem Mehl verkneten; sie soll die gleiche Temperatur und Festigkeit wie der Teig haben. Zu einem Ziegel von etwa 15 x 30 cm formen. Weiterverfahren, wie gezeigt.

Für 30 Mandelschnecken
1 Rezept Plunderteig (siehe oben)
Für die Mandelfüllung:
300 g geröstete, geriebene Mandeln, 1/2 TL Zimt
je 1 Messerspitze Pimentpulver und Salz, 2 cl Rum
120 g brauner Zucker (Farinzucker), 3 Eiweiße
Außerdem:
1 Backblech, Butter für das Blech
Aprikotur, Zitronenfondant

Alle Zutaten für die Füllung streichfähig verrühren. Den Teig zu einer Platte von 75 x 35 cm ausrollen. Die Füllung darauf verstreichen, die Längsseiten jedoch etwas frei lassen. Die Teigplatte von beiden Längsseiten zur Mitte hin aufrollen und mit einem scharfen Messer in 2,5 cm starke Scheiben schneiden. Das Backblech fetten und die Schnecken mit genügend großem Abstand darauflegen. Mit einem sauberen Tuch bedecken und gehen lassen, bis sie deutlich an Volumen zugenommen haben. Bei 220 °C im vorgeheizten Ofen in 15 bis 18 Minuten schön hellbraun backen. Aus dem Ofen nehmen, noch warm mit Aprikotur bestreichen und mit Fondant glasieren (siehe Seite 11). Als Variante lassen sich auch Schleifen, Stangen oder andere Gebilde formen.

Den Plunderteig in vier Richtungen in nach außen dünner werdende »Lappen« ausrollen, die dann über den Butterziegel gelegt werden.

Die Teigränder rundum gleichmäßig mit Wasser bestreichen, damit sie über der Butter gut zusammenhalten und diese vollständig einhüllen.

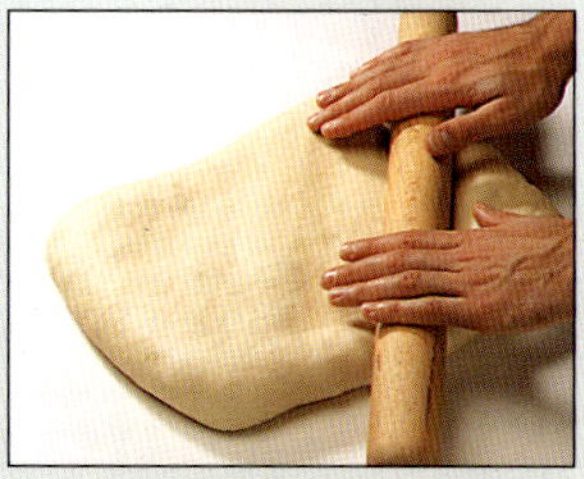

Den Teigblock auf der bemehlten Arbeitsfläche mit einem Rollholz nach allen Seiten möglichst gleichmäßig zu einer Platte von 35 x 50 cm ausrollen.

Diese zu einer »einfachen Tour« zusammenlegen: zuerst das äußere Drittel der schmalen Seite über das mittlere Drittel klappen, dann das restliche Drittel darüberschlagen.

So liegen 3 Schichten übereinander. Den Teig mindestens 15 Minuten im Kühlschrank ruhen lassen. Wieder auf 35 x 50 cm ausrollen. Diesen Vorgang noch 2mal wiederholen, also 3 »Touren« geben.

Kopenhagen ist eine weltoffene Handels- und Hafenstadt – das merkt man auch ihrer Küche an. Natürlich wurde auch das Gebäck von äußeren Einflüssen geprägt.

Brune Kager und Julkuchen

SCHNELLES GEBÄCK AUS SKANDINAVIEN, DAS NICHT NUR ZUM WEIHNACHTSFEST GEBACKEN WIRD.

In Skandinavien liebt man das feine Kleingebäck das ganze Jahr über. Während der Weihnachtszeit ist die Auswahl natürlich besonders groß. In Schweden sind es die Julkuchen, die ebenso wie die Brune Kager einfach von der Rolle geschnitten werden. Wichtig: Bei der Zubereitung von Sirupgebäcken ist die Pottasche (Kaliumcarbonat) nicht einfach durch Backpulver zu ersetzen. Auch wenn sie im Handel nicht vorrätig ist, in der Apotheke bekommt man sie immer.

250 g Butter, 200 g Zucker, 125 g heller Sirup
75 g geschälte, gehackte Mandeln
75 g gehacktes Zitronat
1/2 TL gemahlene Gewürznelken
2 TL gemahlener Zimt, 1/2 TL Ingwerpulver
7 g Pottasche, 500 g Mehl

Für die Brune Kager eine Butter-Sirup-Mischung zubereiten, wie in der Bildfolge gezeigt. Die Pottasche in etwas heißem Wasser auflösen, zuletzt unter die Mischung rühren und diese lauwarm abkühlen lassen. Weiterverfahren, wie gezeigt. Die Teigrollen in Folie wickeln und im Kühlschrank 24 Stunden ruhen lassen. Die braunen Kuchen schneiden, wie gezeigt, und mit genügend Abstand auf ein mit Backpapier ausgelegtes Backblech legen. Bei 200 °C im vorgeheizten Ofen in 8 bis 10 Minuten hellbraun backen.

JULKUCHEN

Diese schwedischen Gebäckstücke können so schnell wie die Brune Kager zubereitet werden. Einfach den Teig zu Rollen formen, nebeneinanderlegen, in Scheiben schneiden und backen.

250 g Butter, 120 g Zucker
1 Eigelb
1/2 TL Salz, 400 g Mehl
Für den Belag:
1 Eiweiß, 100 g brauner Zucker
1 TL gemahlener Zimt

Für die Julkuchen die Butter, den Zucker, das Eigelb, das Salz und das Mehl zu einem Mürbteig verarbeiten, wie auf Seite 6 gezeigt. Rollen von etwa 4 cm Durchmesser formen, in Folie wickeln und 24 Stunden kalt ruhen lassen, bis der Teig fest ist. In Scheiben schneiden und diese mit genügend Abstand auf ein gefettetes Backblech legen. Die Oberfläche der Plätzchen mit verquirltem Eiweiß bepinseln und mit der Zucker-Zimt-Mischung bestreuen. Bei 190 °C im vorgeheizten Ofen in 8 bis 10 Minuten hellbraun backen.

Brune Kager zubereiten:

Die Butter mit dem Zucker und dem Sirup unter Rühren aufkochen, vom Herd nehmen, die Mandeln und die Gewürze unterrühren.

Das Mehl auf die Arbeitsfläche schütten, in die Mitte eine Mulde drücken, die lauwarme Buttermischung hineingießen. Das Mehl vom Rand nach innen schieben.

Den Teig kneten, bis das Mehl vollständig untergearbeitet ist. Den glatten Teig zu 2 Rollen von etwa 4 cm Durchmesser formen und kühlen.

Die Teigrollen nebeneinanderlegen und mit einem Messer mit steifer Klinge dünne Scheiben – maximal 3 mm stark – von den Rollen abschneiden.

Aus den gleichen Zutaten kann eine Mazarintorte für eine Springform von 26 cm Durchmesser zubereitet werden. Sie wird bei 190 °C im vorgeheizten Ofen in 40 bis 45 Minuten gebacken und je nach Belieben mit Puderzucker besiebt oder mit Rum-Fondant glasiert.

Mazarintorte und -törtchen

IN SKANDINAVIEN LIEBT MAN DIESES MANDELGEBÄCK IN JEDER FORM – ALS GROSSE TORTE ODER KLEINE TÖRTCHEN.

Die Mazarintorte und -törtchen haben eine Hülle aus Mürbteig. Man kann zwar die mit Teig ausgelegten Formen sofort mit der Mandelfüllung füllen und backen, doch der Boden wird viel knuspriger und steht in einem besseren geschmacklichen Kontrast zur weichen Füllung, wenn er vorgebacken wird. Diesen Vorgang nennt der Fachmann »blindbacken«. Die untenstehende Bildfolge zeigt, wie es gemacht wird.

Zum Blindbacken den Teigrand an die Form drücken und die überstehenden Teigränder abschneiden. Mit einer Gabel einstechen.

Backpapier einlegen und Hülsenfrüchte einfüllen. Bei 220 °C im vorgeheizten Ofen 10 Minuten blindbacken.

Die Hülsenfrüchte und das Papier entfernen. So bleiben die Teigränder stehen und der Boden bleibt flach.

Hübsche Muster können mit dem Puderzucker auf die Törtchen gesiebt werden. Die passenden Schablonen dafür aus Papier herstellen, wie etwa die einfache Blüte nebenan.

Für 6 Törtchen
Für den Mürbteig:
220 g Mehl, 150 g Butter
40 g Puderzucker
1 Eigelb, 1 Prise Salz
ausgeschabtes Mark von 1 Vanilleschote
Für die Füllung:
125 g Butter, 100 g Marzipanrohmasse
70 g Puderzucker, 2 Eier
80 g geschälte, geriebene Mandeln
Abgeriebenes von 1 unbehandelten Zitrone
Außerdem:
6 Förmchen von je 10 cm Durchmesser
Backpapier und Hülsenfrüchte zum Blindbacken

1. Für den Teig das Mehl auf eine Arbeitsfläche sieben und in die Mitte eine Mulde drücken. Die Butter in Stücken, den Puderzucker, das Ei und die Gewürze hineingeben. Die Zutaten zunächst mit einer Gabel zerdrücken, mit einer Palette zu feinen Krümeln hacken und dann den Teig mit den Händen kurz kneten. In Folie wickeln, mindestens 1 Stunde im Kühlschrank ruhen lassen.

2. Den Teig dünn ausrollen, 6 Kreise von reichlich 10 cm Durchmesser schneiden, die Förmchen damit auslegen und mehrmals mit einer Gabel einstechen. Den Boden blindbacken, wie in der Bildfolge gezeigt.

3. Für die Füllung die Butter mit der Marzipanrohmasse und dem Puderzucker schaumig rühren. Die Eier nacheinander zugeben und jedes einzelne gut unterarbeiten, bevor das nächste folgt. Zuletzt die Mandeln und die abgeriebene Zitronenschale unterziehen.

4. Die Masse in die Mürbteigböden füllen und die Oberfläche glattstreichen. Bei 180 °C im vorgeheizten Ofen in etwa 25 bis 30 Minuten hellbraun backen. Etwas auskühlen lassen. Mit Puderzucker durch eine Schablone ein Muster aufsieben. Dafür ein dünnes Papier in der Größe der Törtchen in der Mitte falten und die Ornamente ausschneiden.

Frisch geerntet! Orangen-Qualität erkennt man an der schönen Farbe und der makellosen Schale. Zum Backen braucht man allerdings unbehandelte Früchte, um auch die Schale verwenden zu können. Leider ist das nicht so leicht zu erkennen, und so muß man sich auf seinen Obsthändler verlassen können, um tatsächlich unbehandelte Ware zu bekommen.

Orangenkuchen

EIN FEINER, SAFTIGER MANDELKUCHEN MIT DEM AROMA FRISCHER ORANGEN UND UNTER EINER DÜNNEN SCHICHT ORANGENGLASUR.

Er gehört zu den Kuchen, die man erst am nächsten Tag essen sollte, erst dann ist er von dem Orangenaroma so richtig durchzogen. Vor dem Austrocknen schützen ihn Aprikotur und Glasur.

Für den Rührteig:
4 Eigelbe, 150 g Zucker
Abgeriebenes von 1 unbehandelten Orange
1 Messerspitze Salz, 4 Eiweiße
50 g Biskuitbrösel, 30 g Mehl
150 g geriebene ungeschälte Mandeln
30 g zerlassene Butter
Für den Orangensirup:
1 unbehandelte Orange, 80 g Zucker
1/4 l Orangensaft, 2 cl Orangenlikör
Außerdem:
1 Rehrückenform von 32 cm Länge
Butter und Brösel für die Form
50 g Aprikotur, 100 g Fondant, 2 cl Orangenlikör
30 g geröstete Mandelblättchen
Zesten von 1/2 unbehandelten Orange

Für den Rührteig die Eigelbe mit der Hälfte des Zuckers, der abgeriebenen Orangenschale und dem Salz schaumig rühren. Die Eiweiße steif schlagen, dabei den restlichen Zucker einrieseln lassen. Den Eischnee unter die Eigelbmasse heben. Biskuitbrösel, Mehl und Mandeln unterziehen, die Butter unterrühren. Die Form mit Butter ausstreichen und mit Bröseln ausstreuen. Den Teig einfüllen und bei 190 °C im vorgeheizten Ofen 40 bis 45 Minuten backen. Leicht auskühlen lassen, auf ein Kuchengitter stürzen. Den Sirup zubereiten, wie gezeigt, den Kuchen damit tränken und einziehen lassen. Mit Aprikotur bestreichen. Den Fondant mit dem restlichen Orangensirup und dem Orangenlikör leicht erwärmen, und den Kuchen damit glasieren. Mit Mandelblättchen und Orangenschalenzesten garnieren.

Die Schale der Orange über einer Kasserolle vorsichtig abreiben, damit nichts von der bitteren weißen Unterhaut in den Sirup kommt.

Den Zucker zugeben und den frisch gepreßten Orangensaft zugießen. Umrühren und die Mischung zum Kochen bringen.

Bei nicht zu starker Hitze langsam um etwa 1/3 zu einem Sirup einkochen. Etwas abkühlen lassen. Mit dem Orangenlikör parfümieren.

Den gestürzten Orangenkuchen von allen Seiten mit dem Sirup bepinseln und gut tränken, 2 EL von dem Sirup für die Glasur zurücklassen.

Kirsch-Mandel-Torte

FEINE KUCHEN UND TORTEN GEHÖREN IN SKANDINAVIEN ZU JEDER KAFFEEPAUSE.

Die Geschmackskomponenten sind typisch für diese Torte: Der Schokoladenbiskuit und die leichte Vanillecreme mit dem Mandelaroma machen das Besondere aus, der Kirschlikör rundet das Ganze dann harmonisch ab.

Für den Schokoladenbiskuit:
8 Eigelbe, 150 g Zucker, 40 g geriebene Walnüsse
ausgeschabtes Mark von 1/2 Vanilleschote
70 g Halbbitter-Kuvertüre, 80 g zerlassene Butter
8 Eiweiße, 50 g Mehl, 100 g Biskuitbrösel
Für die Creme:
1/2 l Milch, 60 g Zucker, 2 Eigelbe
40 g Speisestärke, 60 g Marzipanrohmasse
250 g Butter, 170 g Puderzucker
ausgeschabtes Mark von 1/2 Vanilleschote
2 cl Kirschlikör (25 Vol.-%)
50 g gehackte Cocktailkirschen

Malmö, die Nachbarstadt Kopenhagens über dem Öresund, ist sozusagen das »süße Tor« Schwedens, denn dort hat man einfach etwas für die feinen, süßen Sachen übrig. Und mit Mandeln backen die Schweden besonders gern.

Ein guter Kirschlikör verleiht dieser Torte einen besonders ausgewogenen Geschmack. Liköre bester Qualität werden aus Kirschen gewonnen, die an sonnigen Sommertagen am Baum ausreifen konnten.

Zum Garnieren:
150 g gehobelte, geröstete Mandeln
Puderzucker zum Besieben, Cocktailkirschen mit Stiel
Außerdem:
1 Springform von 26 cm Durchmesser, Backpapier

1. Für den Teig die Eigelbe mit 1/3 des Zuckers, den Walnüssen und dem Vanillemark schaumig rühren. Die Kuvertüre im 40 °C warmen Wasserbad schmelzen und lauwarm unter die Eigelbmasse rühren. Unter ständigem Rühren die zerlassene Butter in dünnem Strahl einlaufen lassen und vollständig unterrühren. Die Eiweiße zu steifem Schnee schlagen, dabei den restlichen Zucker einrieseln lassen. Zunächst 1/3, dann den Rest unter die Masse heben. Das gesiebte Mehl mit den Biskuitbröseln mischen, zugeben und untermelieren.

2. Den Boden der Form mit Backpapier auslegen. Die Schokoladenmasse einfüllen, die Oberfläche glattstreichen. Bei 190 °C im vorgeheizten Ofen 35 bis 40 Minuten backen. Auskühlen lassen.

3. Für die Creme die Milch mit dem Zucker in einer Kasserolle zum Kochen bringen. Die Eigelbe mit der Speisestärke und 2 bis 3 EL der heißen Milch verrühren. Unter ständigem Rühren in die kochende Milch gießen und aufwallen lassen. Umfüllen und mit etwas Puderzucker besieben, damit sich keine Haut bildet. Die Marzipanrohmasse zunächst mit etwas Butter mit der Hand oder mit einem Kochlöffel glatt verarbeiten, dann die restliche Butter und den Puderzucker zusetzen, mit dem Handrührgerät schaumig rühren. Die kalte Creme durch ein Sieb streichen und Löffel für Löffel unter die Marzipanmischung rühren. Die Creme halbieren. Die eine Hälfte mit dem Vanillemark, die andere mit dem Kirschlikör und den Cocktailkirschen verrühren.

4. Den gut ausgekühlten Tortenboden zweimal durchschneiden, so daß 3 Böden entstehen. Den ersten Boden mit der Kirschcreme bestreichen, den zweiten Boden darauflegen und mit der Hälfte der Vanillecreme bestreichen. Den dritten Boden auflegen. Den Kuchenrand und die Oberfläche dünn mit Vanillecreme einstreichen. Zum Garnieren die Torte mit den Mandelblättchen bestreuen und mit Puderzucker besieben. Die restliche Vanillecreme in einen Spritzbeutel mit Sterntülle Nr. 10 füllen und Rosetten auf die Torte spritzen. Jede Rosette mit 1 Kirsche belegen.

Watruschki

IN RUSSLAND LIEBT MAN MIT QUARK – »TWOROG« – GEFÜLLTE GEBÄCKE, UND DIESE WATRUSCHKI SIND BESONDERS POPULÄR.

Wie die bekannten Piroggen, die auch sehr oft mit Quark gefüllt sind, werden die Watruschki meist mit Hefeteig zubereitet. Sie sind so eine Art »offene Piroggen«, die am Nachmittag zum Tee gereicht werden. Sie können aber auch aus Plunderteig zubereitet werden, wie das Wienerbrød auf Seite 66. Sie sind dann schön luftig, blättrig und schmecken noch ein bißchen besser. Zusätzlich können sie auch, gleich wenn sie aus dem Ofen kommen, mit Zuckerglasur bestrichen werden.

Für den Hefeteig:
500 g Mehl, 30 g Hefe, 200 ml Milch, 40 g Butter
50 g Zucker, 1 Ei, 1/2 TL Salz
Abgeriebenes von 1 unbehandelten Zitrone
Für den Belag:
250 g trockener Quark (Schichtkäse)
2 Eigelbe, 40 g Zucker
2 EL Zitronensaft, 40 g Orangeat
50 g Korinthen, 1 Eigelb zum Bestreichen
Außerdem:
Fett für das Backblech

Das Mehl in eine Schüssel sieben und in die Mitte eine Mulde drücken. Die Hefe hineinbröckeln, mit der lauwarmen Milch auflösen und dabei mit etwas Mehl vom Rand vermischen. Mit Mehl bestauben, mit einem Tuch abdecken und an einem warmen, zugfreien Ort gehen lassen, bis der Vorteig Risse zeigt. Die Butter zerlaufen lassen, mit dem Zucker, dem Ei, dem Salz und der Zitronenschale vermischen und zum Vorteig geben. Mit einem Rührlöffel zusammen mit dem Mehl unterarbeiten und so lange schlagen, bis der Teig glatt und glänzend ist, Blasen wirft und sich von der Schüsselwand löst. Zudecken und erneut gehen lassen, bis der Teig das Doppelte seines Volumens erreicht hat. Für den Belag den Quark mit den Eigelben, dem Zucker und dem Zitronensaft verrühren. Das Orangeat in ganz feine Würfel schneiden und zusammen mit den Korinthen unter den Quark mischen. Aus dem Teig die Watruschki formen und belegen, wie in der Bildfolge gezeigt. Den Teigrand mit dem verquirlten Eigelb bestreichen. Zudecken und gehen lassen, damit sie nochmals an Volumen zunehmen. Bei 200 °C im vorgeheizten Ofen in 15 bis 20 Minuten schön hellbraun backen. Möglichst frisch zu Kaffee oder Tee reichen.

Den Hefeteig auf der bemehlten Arbeitsfläche zu einem gleichmäßig starken Strang rollen. In 20 Stücke einteilen und in Scheiben schneiden.

Die Teigscheiben so von innen nach außen flach drücken, daß ein dicker Rand entsteht. Der Durchmesser soll 8 bis 10 cm betragen.

Die Watruschki auf ein leicht gefettetes Backblech legen und mehrmals einstechen. Die Füllung darauf verteilen und die Oberfläche glattstreichen.

Kein russisches Osterfest ohne den traditionellen Kulitsch. Dazu gehört nach Möglichkeit die »Passcha«, eine Quarkspeise in Form einer abgeflachten Pyramide, die reichlich mit kandierten Früchten garniert wird.

Kulitsch

DAS RUSSISCHE OSTERBROT ÄHNELT IN SEINER FORM DEM ITALIENISCHEN PANETTONE, ES KANN ABER AUCH IN EINER ANDEREN FORM GEBACKEN WERDEN.

Dieses Traditionsgebäck fällt aber nicht nur durch seine hohe Form auf, es wird auch aus einem ganz besonders feinporigen, gehaltvollen Hefeteig gebacken. Zum russischen Osterfest wird der Kulitsch meist mit der »Passcha« serviert, einer süßen Quarkspeise, für die der Quark mit Butter, saurer Sahne und vielen Eiern verrührt wird; dazu kommen kandierte Früchte.

Für den Teig:
550 g Mehl, 1 TL Zucker, 35 g Hefe
1/4 l lauwarme Milch, 100 g Rosinen
je 50 g gehacktes Orangeat und Zitronat
50 g gehackte Mandeln, 2 cl Rum
200 g Butter
150 g Zucker, 1/2 TL Salz
ausgeschabtes Mark von 1 Vanilleschote
1 Messerspitze Safranpulver, 8 Eigelbe
Für die Glasur:
150 g Puderzucker, 2 EL Wasser, 1 EL Zitronensaft
Außerdem:
1 Springform von 18 cm Durchmesser
Backpapier zum Auskleiden, Butter zum Einfetten
kandierte Früchte zum Garnieren

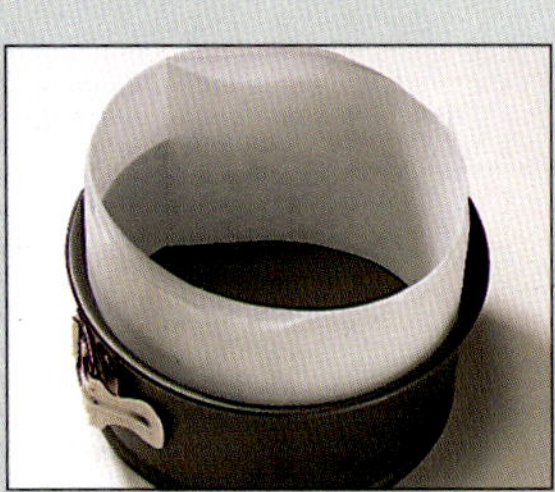

Eine kleine Springform von maximal 18 cm Durchmesser mit einem Ring aus Pergamentpapier von mindestens 18 cm Höhe auskleiden und etwas einfetten.

1. In einer Schüssel 2 EL von dem Mehl mit dem Zucker vermischen, die Hefe dazubröckeln und die Milch aufgießen. Alles gut verrühren, mit einem Tuch abdecken und an einem warmen, zugfreien Ort etwa 15 Minuten gehen lassen.

2. Die Rosinen, das Orangeat, das Zitronat und die Mandeln in ein Schälchen geben, mit dem Rum übergießen und gut durchziehen lassen.

3. Die Butter ganz kurz erwärmen, so daß sie weich, aber nicht flüssig wird. In einer Schüssel mit dem Zucker schaumig rühren. Das Salz, das Vanillemark und das Safranpulver zugeben und gut vermengen. Nach und nach die Eigelbe unterrühren, dabei darauf achten, daß jedes einzelne gut verrührt ist, bevor das nächste folgt.

4. Die Butter-Zucker-Mischung und das restliche Mehl zu dem Vorteig geben und alles schlagen, bis ein weicher, glatter Hefeteig entstanden ist, der sich von der Schüsselwand löst. Erneut zudecken und 15 Minuten gehen lassen. Die Früchte unterkneten. Den Teig zudecken und erneut etwa 20 Minuten gehen lassen, bis er sein Volumen nahezu verdoppelt hat. Die Form mit Backpapier auskleiden, wie links gezeigt, und leicht fetten. Den Teig einfüllen, zudecken und erneut zum Doppelten seines Volumens aufgehen lassen.

5. Bei 200 °C im vorgeheizten Ofen 15 Minuten backen. Die Hitze auf 180 °C reduzieren und in 60 Minuten fertigbacken. Stäbchenprobe machen. Den Kuchen herausnehmen, nach 30 Minuten aus der Form lösen und erkalten lassen.

6. Für die Glasur den Puderzucker mit dem Wasser und dem Zitronensaft dickflüssig verrühren. Den Zuckerguß auf die Oberfläche des Kuchens geben und in Schlieren am Rand herunterlaufen lassen. Mit kandierten Früchten garnieren.

Mazurek

EIN KNUSPRIGES MANDELGEBÄCK, DAS IN POLEN UND IN DER UKRAINE GLEICHERMASSEN BELIEBT IST.

Es ist zwar ein Gebäck, das man das ganze Jahr über zum Tee oder zu einem Glas süßen Wein reichen kann, ganz wie die Biscotti di Prato aus der Toskana. In Polen aber wird Mazurek vor allem für die Festtage um Weihnachten und Neujahr gebacken. Man kennt von diesem Rezept auch eine Variante: Eine feste, mit Schokolade gemischte Baisermasse wird nach der halben Backzeit über die Mandeloberfläche gestrichen und fertiggebacken.

Für den Teig:
350 g Mehl, 250 g Puderzucker
1/4 TL Salz
ausgeschabtes Mark von 1 Vanilleschote
5 hartgekochte Eigelbe
250 g weiche Butter
Für den Belag:
1 Ei, 30 g Puderzucker, 200 g gehobelte Mandeln
Außerdem:
1 Backblech
Butter und Mehl für das Blech

Frisch aus dem Ofen schmecken sie besonders fein. Aber eigentlich sind sie ein Dauergebäck, das in Polen traditionell während der Feiertage um den Jahreswechsel gereicht wird.

Den Teig mit dem Rollholz aufnehmen und über dem Backblech wieder abrollen. Die Ränder festdrücken. Sofort schneiden, wenn das Gebäck aus dem Ofen kommt, dafür in 6 x 3 cm große Stücke einteilen.

Das Mehl mit dem Puderzucker und dem Salz in eine Schüssel sieben. Das Vanillemark zufügen. Die hartgekochten Eigelbe mit einem Löffel durch ein sehr feines Sieb dazudrücken. Die weiche Butter in Flöckchen dazugeben und alles mit einem Löffel kräftig zusammenrühren. Den Teig auf die bemehlte Arbeitsfläche geben und mit den Händen glattkneten. Aus dem Teig eine Kugel formen, in Folie hüllen und 1 bis 2 Stunden im Kühlschrank ruhen und fest werden lassen. In der Zwischenzeit das Backblech leicht fetten, mit Mehl bestauben und das überschüssige Mehl abklopfen. Den Teig etwa 1/2 cm dick in Blechgröße ausrollen. Mit Hilfe eines Rollholzes auf das Blech bringen, wie in der Bildfolge gezeigt, und die Ränder fest andrücken. Für den Belag das Ei mit dem Puderzucker verrühren und den Teig damit bestreichen. Mit einer Gabel die gesamte Teigfläche in kurzen Abständen einstechen, damit sich beim Backen keine Blasen bilden. Mit den gehobelten Mandeln bestreuen und diese mit dem Rollholz oder mit der Hand leicht andrücken. Das Gebäck bei 190 °C in den vorgeheizten Ofen schieben und in etwa 20 Minuten schön hellbraun backen. Herausnehmen und noch warm schneiden, wie gezeigt. Wer das Gebäck lagern möchte, muß es vollständig abkühlen lassen und in eine gut schließende Dose geben.

Preßburger Nußrolle

EIN GANZ INTENSIVER NUSSGESCHMACK ZEICHNET DIESE FEINE ROLLE AUS HEFETEIG AUS.

Die Zutaten sind fast identisch mit den bekannten »Preßburger Nußbeugeln«. Ein mürber, fettreicher Hefeteig und eine wohlgewürzte Füllung aus Haselnüssen, die für einen kräftigen Geschmack vorher noch etwas im Ofen geröstet werden. Dabei löst sich die Haut, welche von den abgekühlten Nüssen mühelos abgerieben werden kann.

Für den Hefeteig:
500 g Mehl
40 g Hefe
200 ml lauwarme Milch
130 g Butter
50 g Zucker
1/2 TL Salz
2 Eigelbe
Für die Füllung:
400 g leicht geröstete Haselnüsse
50 g Semmelbrösel
1/2 TL gemahlener Zimt
1 Messerspitze gemahlene Nelken
40 g geriebene bittere Schokolade
4 cl brauner Rum
60 ml heiße Milch
2 Eiweiße
80 g Zucker
Außerdem:
1 Eigelb zum Bestreichen
Butter für das Backblech
Puderzucker zum Besieben

Frisch aufgeschnitten schmeckt die Rolle ebenso fein, wie wenn sie einige Tage alt ist. Dann ist sie vom kräftigen Nußgeschmack richtig durchzogen. In Folie gewickelt, läßt sich die Rolle problemlos bis zu einer Woche lagern.

1. Das Mehl in eine Schüssel sieben und in die Mitte eine Mulde drücken. Die Hefe hineinbröckeln, mit der lauwarmen Milch auflösen und dabei mit etwas Mehl vom Rand vermischen. Den Ansatz mit Mehl bestauben. Die Schüssel mit einem Tuch abdecken und den Vorteig an einem warmen, zugfreien Ort gehen lassen, bis die Oberfläche deutliche Risse zeigt.

2. Die Butter zerlaufen lassen, mit dem Zucker, dem Salz und den Eigelben vermischen und zum Vorteig geben. Zunächst mit einem Rührlöffel zusammen mit dem Mehl unterarbeiten und so lange schlagen, bis der Teig glatt und glänzend ist, Blasen wirft und sich von der Schüsselwand löst. Dann auf der Arbeitsfläche kräftig durchkneten. Wieder in die Schüssel geben, zudecken und nochmals gehen lassen, bis der Teig das Doppelte seines Volumens erreicht hat.

3. Für die Füllung die gerösteten Nüsse fein reiben, mit den Semmelbröseln, dem Zimt, den Nelken und der feingeriebenen Schokolade vermischen, den Rum zugeben und die heiße Milch unterrühren. Die Eiweiße zu Schnee schlagen, den Zucker dabei langsam einrieseln lassen und weiterschlagen, bis ein schnittfester Eischnee entstanden ist, diesen mit einem Spatel unter die Nußfüllung ziehen.

4. Den Teig auf einer bemehlten Arbeitsfläche zu einem 40 x 50 cm großen Rechteck ausrollen. Die Nußfüllung gleichmäßig aufstreichen, dabei den hinteren Längsrand in 4 bis 5 cm Breite frei lassen und mit dem verquirlten Eigelb bestreichen. Das Rechteck von vorn aus aufrollen und mit dem Schluß nach unten auf das ganz leicht gefettete Backblech legen. Die Nußrolle mit dem Küchentuch abdecken und noch etwa 15 Minuten gehen lassen. Gleichmäßig mit dem restlichen Eigelb bestreichen und bei 200 °C im vorgeheizten Ofen in 25 bis 30 Minuten schön hellbraun backen. Vor dem Aufschneiden mit Puderzucker besieben.

Blauer Mohn kommt seit jeher in guten Qualitäten aus Mähren, der Slowakei und Polen. Der teurere, graue Mohn, der zarter im Geschmack ist, wird in Frankreich und den Niederlanden angebaut.

Mohnstollen

EIN BELIEBTES HEFEGEBÄCK IN DEN KÜCHEN OSTEUROPAS – ABER DIE STOLLEN ODER ZÖPFE FÜLLT MAN AUCH HOCHWERTIGER, ZUM BEISPIEL MIT MANDELN.

Auch die Form der gefüllten Stollen und Zöpfe ist nicht einheitlich. Die folgende Methode garantiert jedenfalls, daß die Füllung schön in der Mitte liegt, fest eingeschlossen wird und der Stollen eine interessante Oberfläche erhält.

Für den Hefeteig:
350 g Mehl, 20 g Hefe
1/8 l lauwarme Milch, 50 g Butter
40 g Zucker, 1/4 TL Salz, 1 Ei
Für die Mohnfüllung:
300 g gemahlener Mohn, 1/2 l Milch
40 g Speisestärke
1 Eigelb, 100 g Zucker, 50 g Butter
Außerdem:
Butter zum Bestreichen des Backblechs
100 g Aprikosenkonfitüre
100 g Fondant

Einen Hefeteig zubereiten, wie auf Seite 10 beschrieben. Für die Mohnfüllung den Mohn mit 3/4 der Milch aufkochen und 10 Minuten quellen lassen. Die Speisestärke mit der restlichen Milch verrühren, zugeben und gut unterrühren. Das Eigelb, den Zucker und die lauwarme Butter nacheinander unter die Mohnmasse rühren und nochmals kurz aufkochen. Abkühlen lassen. Den gut gegangenen Hefeteig zu einer Platte von 30 x 40 cm ausrollen. Mit der Füllung belegen und einschneiden, wie in der Bildfolge anhand der Mandelfüllung gezeigt. Den gefüllten Stollen auf ein leicht gefettetes Backblech legen, mit einem Tuch zudecken und an einem warmen, zugfreien Ort gehen lassen, bis er fast das Doppelte seines Volumens erreicht hat. In den auf 210 °C vorgeheizten Ofen schieben und in 30 bis 35 Minuten schön hellbraun backen. Die Aprikosenkonfitüre mit 2 bis 3 EL Wasser kochen, bis sie klar und dünnflüssig ist. Den noch warmen Stollen damit bestreichen und antrocknen lassen. Den Fondant mit 1 bis 2 EL Wasser verdünnen und erwärmen, bis er entsprechend dünnflüssig ist, und den Stollen damit gleichmäßig glasieren.

Eine Mandelfüllung als Variante kann mit 80 g Marzipanrohmasse, 50 g Aprikosenkonfitüre, 60 g gehackte Mandeln und 60 g Rosinen zubereitet werden. Dafür die Zutaten zu einer streichförmigen Masse vermischen und wie bei dem Mohnstollen weiterverfahren.

Eine Teigplatte ausrollen. Die Füllung in die Mitte streichen, etwa 8 cm breit. Im Abstand von 2 cm den Teig von beiden Seiten schräg einschneiden.

Die Streifen übereinanderlegen. Oben beginnen und die Streifen abwechselnd von links und rechts über die Füllung schlagen. Das Ende zusammendrücken.

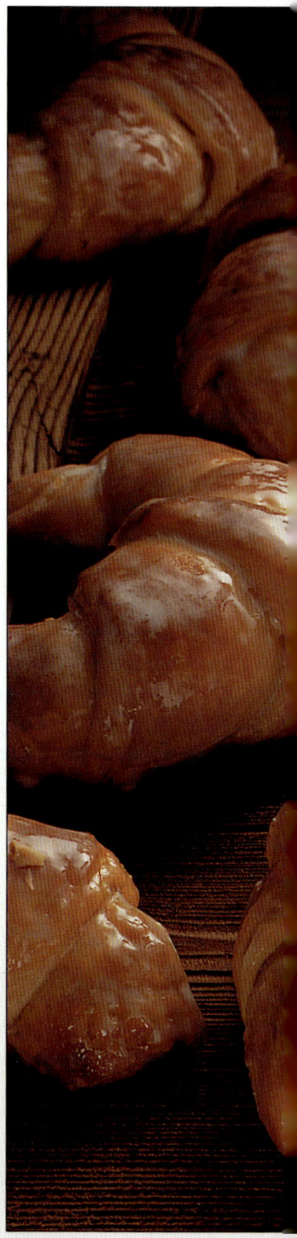

Nußkipfeln

PLUNDERHÖRNCHEN MIT HASELNUSSFÜLLUNG – DIESES GEBÄCK NENNT MAN IN PRAG »WIENER NUSSKIPFELN«.

Ohne Füllung heißen sie »Butterkipfeln«, aber immer ohne das österreichische »r« im Namen. Tatsächlich sind inzwischen die Kipferln, Hörnchen oder Croissants aber über die ganze Welt verbreitet. Ungefüllt als Frühstücksgebäck, wie die französichen Croissants, oder unterschiedlich gefüllt und glasiert als beliebtes Kaffeegebäck.

Für den Plunderteig:
600 g Mehl, 70 g weiche Butter
70 g Zucker, 1 TL Salz, 1 Eigelb, 1 Ei
Abgeriebenes von 1/2 unbehandelten Zitrone
40 g Hefe, 1/4 l lauwarme Milch
300 g Butter zum Einschlagen
60 g Mehl für die Butter
Für die Haselnußfüllung:
250 g geriebene, geröstete Haselnüsse
80 g Biskuitbrösel, 1 Ei
1 Messerspitze Salz, 1/2 TL Pimentpulver
Abgeriebenes von 1 unbehandelten Zitrone
100 g Zucker, 2 cl brauner Rum
Für die Glasur:
120 g Aprikosenkonfitüre, 2 bis 3 EL Wasser
150 g Fondant, 1 EL Zitronensaft, brauner Rum
50 g gehackte, geröstete Haselnüsse zum Bestreuen
Außerdem:
1 Backblech, Butter für das Blech
1 Eigelb zum Bestreichen

Den Plunderteig zubereiten, wie auf Seite 66 gezeigt. Beim Plunder wird der Hefeteig »kalt geführt«, das heißt, alle Zutaten werden auf einmal zu einem Teig verarbeitet, ohne einen Vorteig gehen zu lassen. Statt dessen läßt man ihn im Kühlschrank ganz langsam reifen, denn er sollte nicht weicher sein als die eingerollte Butter. Diese

Den Teig zu einer Platte von 60 x 40 cm ausrollen. Längs zu 2 Streifen von 60 x 20 cm teilen und daraus 20 Dreiecke von 12 x 20 cm schneiden. An der Schmalseite jeweils 3 cm tief einschneiden und 1 EL Füllung auf das Ende des Einschnitts setzen. Die Dreiecke zu Hörnchen aufrollen. Dafür die Teigspitze mit dem Daumen festdrücken, damit der Teig nicht verrutscht. Aufrollen und dabei die Enden nach außen drücken.

muß Zimmertemperatur haben, wenn sie in den Teig eingeschlagen wird. Zwischen den Touren muß der Teig immer wieder zum Entspannen in den Kühlschrank, weil er bei Zimmertemperatur zu stark aufgehen würde. Für die Füllung die geriebenen Haselnüsse mit den Bröseln vermischen. Das Ei, das Salz, das Pimentpulver, die abgeriebene Zitronenschale, den Zucker und den Rum zugeben und alles zu einer weichen Füllung rühren. Wenn nötig, etwas Flüssigkeit in Form von Milch zugeben. Den Teig auf einer bemehlten Arbeitsfläche gleichmäßig stark ausrollen und füllen, wie in der Bildfolge gezeigt. Die gerollten Hörnchen zu Halbmonden biegen und mit genügend Abstand mit dem Schluß nach unten auf das gefettete Backblech setzen. Mit einem sauberen Tuch bedecken und gehen lassen, bis sie ihr Volumen verdoppelt haben. Mit dem verquirlten Eigelb bestreichen. Bei 210 °C im vorgeheizten Ofen in 15 bis 20 Minuten hellbraun backen. Die Kipfeln aus dem Ofen nehmen und noch heiß mit der Aprikotur (siehe Seite 11) bestreichen. Den Fondant mit dem Zitronensaft auflösen und mit so viel Rum verlängern, bis er dünnflüssig ist. Die Hörnchen damit glasieren und mit den gehackten Haselnüssen bestreuen.

Kipferln oder Hörnchen – über die Entstehung dieses beliebten Plundergebäcks gibt es eine ganze Reihe von Anekdoten. Eine davon erzählt von einem Wiener Bäckermeister, der nach der Belagerung durch die Türken die Feinde verhöhnen wollte, indem er ihren islamischen Halbmond in Form eines Kipferls nachempfand.

Für den Mohnbelag die kochende Milch über die Mohn-Zucker-Semmelbrösel-Mischung gießen und unter Rühren erneut aufkochen.

Böhmische Kolatschen

AUS QUARK, MOHN UND PFLAUMENMUS BESTEHT IHR EINZIGARTIGER BELAG.

Die »original böhmische Kombination« – Quark, Mohn und Powidl – wird aber auch für Blechkuchen aus Hefeteig gebraucht, und diese »Kleckerkuchen« werden oft zusätzlich noch mit Butterstreuseln bestreut. Wie die meisten böhmischen Spezialitäten wurden Kolatschen und Kleckerkuchen auch von Österreich und den anderen Ländern der k. u. k.-Monarchie übernommen.

Zutaten für 16 Stück
Für den Hefeteig:
500 g Mehl, 35 g Hefe, 1/4 l lauwarme Milch
70 g Zucker, 80 g flüssige Butter, 1/2 TL Salz
Abgeriebenes von 1 unbehandelten Zitrone, 1 Ei
Für den Quarkbelag:
60 g Butter, 180 g Zucker
500 g Quark (Schichtkäse), 2 Eigelbe
30 g Speisestärke, 2 cl Rum, 2 Eiweiße
Für den Mohnbelag:
1/4 l Milch, 250 g gemahlener Mohn
100 g Zucker, 2 EL Semmelbrösel
Außerdem:
Butter für das Blech
1 Eigelb zum Bestreichen
200 g Pflaumenmus, 200 g Aprikotur
50 g gehobelte, geröstete Mandeln

Das Mehl in eine Schüssel sieben, in die Mitte eine Mulde drücken. Die Hefe in etwa 100 ml Milch auflösen, etwas Zucker zugeben und in die Mehlmulde gießen. Dünn mit Mehl bestauben, die Schüssel bedecken und den Vorteig gehen lassen. Sobald die Oberfläche Risse zeigt, die restliche Milch und den restlichen Zucker, die Butter, das Salz, die Zitronenschale und das Ei zugeben und zu einem glatten Teig schlagen. Zugedeckt erneut gehen lassen, bis der Teig das Doppelte seines Volumens erreicht hat. Für den Belag die Butter mit der Hälfte des Zuckers cremig rühren, den Quark zugeben und alles gut glattrühren. Die Eigelbe, die Speisestärke und den Rum untermischen. Die Eiweiße zu steifem Schnee schlagen, dabei den restlichen Zucker einrieseln lassen und unter die Quarkmasse heben. Weiterverfahren, wie links und unten gezeigt. Die Kolatschen in dem auf 200 °C vorgeheizten Ofen 20 bis 25 Minuten backen. Leicht abkühlen lassen, mit Aprikotur bestreichen und mit Mandeln bestreuen.

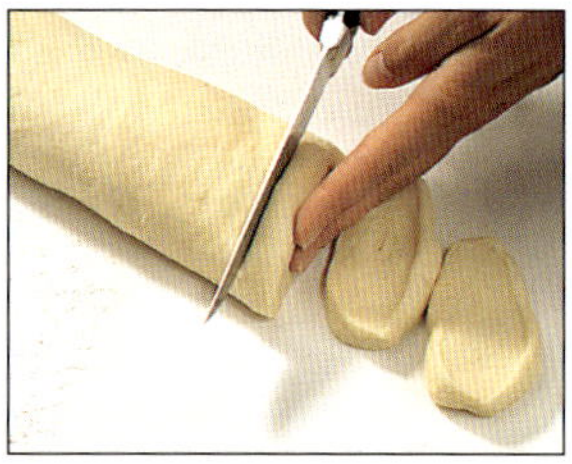

Den Hefeteig zu einer Rolle formen und mit einem Messer gleichmäßig große Scheiben von je 60 g abschneiden.

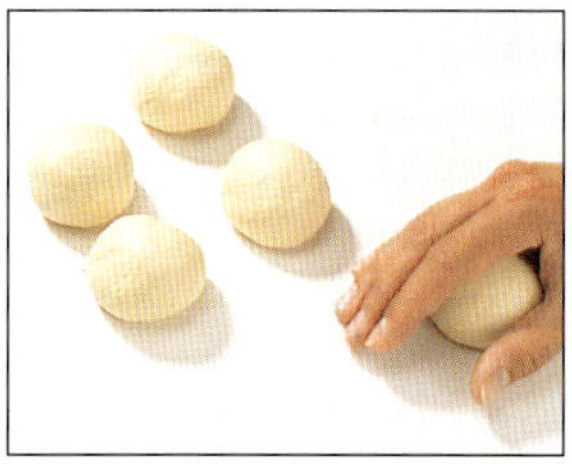

Die einzelnen Teigstücke auf der Arbeitsfläche mit den Händen rund »schleifen«, das heißt, zu Kugeln formen.

Die Kugeln so von innen nach außen flach drücken, daß ein dicker Rand entsteht. Der Durchmesser soll 12 cm betragen.

Auf ein gefettetes Backblech legen und mehrmals einstechen. Die Ränder mit verquirltem Eigelb bestreichen.

Quark- und Mohnbelag abwechselnd darauf verteilen. In die Mitte etwas Pflaumenmus setzen. Nochmals gehen lassen.

Die Konfitüre für eine Linzer Torte muß backfähig, das heißt von bester Qualität und Konsistenz sein. Johannisbeere, Himbeere oder Preiselbeere passen geschmacklich am besten dazu. Falls die Konfitüre noch Kerne enthält, sollte man sie durch ein Sieb streichen, damit sie schön glatt wird.

Linzer Torte

AUS DEM FEINEN MÜRBTEIG MIT MANDELN ODER HASELNÜSSEN WERDEN ABER NICHT NUR TORTEN GEBACKEN.

»Linzerteig« ist in Österreich ganz einfach die Bezeichnung für einen Mandelmürbteig, aus dem auch Schnitten, Plätzchen, Kipferln und andere Gebäckstücke gebacken werden. Fast allen gemeinsam ist die säuerliche Konfitüre als Füllung, wie es bei der berühmten »Linzer Torte« der Fall ist. Worüber sich die Zuckerbäcker allerdings streiten, ist die Zusammensetzung des Teigs selbst, ob das Original nun mit Mandeln oder mit Haselnüssen zubereitet wird. Die Linzer Torte schmeckt beidemal sehr fein: rustikal und kräftig mit den Haselnüssen, zurückhaltend und vornehmer mit Mandeln. Das folgende Rezept läßt sich jedenfalls mit Haselnüssen oder Mandeln zubereiten. Beide Varianten sind von gut formbarer Konsistenz und harmonieren mit der Konfitüre.

Die Oblate so zurechtschneiden, daß beim Einlegen in den Tortenring ein 1 cm breiter Teigrand sichtbar bleibt. Oder kleine Oblaten flächendeckend zusammenlegen.

Das Eigelb mit der Milch oder Sahne verrühren und den freigelassenen Teigrand damit einstreichen. Der Tortenring muß sauber bleiben, damit der Teig beim Backen nicht anklebt.

Für den Teigrand einen knapp 80 cm langen Strang rollen und auf einer bemehlten Tortenscheibe aufrollen. In den Ring abrollen, dabei den Teigrand andrücken.

Den mit Konfitüre bestrichenen Boden mit 1 cm starken Teigsträngen gitterförmig belegen. Das Gitter und den Rand mit der Eigelbmischung bestreichen.

Mit einem Gitter aus rund gerollten Teigsträngen schaut die Torte besonders gut aus. Man kann den Teig aber auch ausrollen und mit einem Teigrädchen in Streifen schneiden.

Für den Linzerteig:
360 g geriebene ungeschälte Mandeln
420 g Mehl
360 g weiche Butter
240 g Puderzucker
3 Eigelbe
3 Gewürznelken, mit dem Rollholz zerdrückt
1 Prise Zimt
Abgeriebenes von 1 unbehandelten Zitrone
ausgeschabtes Mark von 1 Vanilleschote
Zum Füllen und Garnieren:
1 große runde Backoblate
200 g Johannisbeerkonfitüre

Außerdem:
1 Tortenring von 26 cm Durchmesser
1 Eigelb zum Bestreichen
1 bis 2 EL Milch oder Sahne zum Verrühren

Für den Teig die geriebenen Mandeln auf eine Arbeitsfläche schütten. Das Mehl darübersieben und in die Mitte eine weite Mulde drücken. Die Butter in groben Stücken, den gesiebten Puderzucker, die Eigelbe und die Gewürze hineingeben. Die Butter mit den Fingern in Flocken zerdrücken. Den Zucker, die Eigelbe und die Gewürze schnell unterarbeiten. Die Mandeln und das Mehl einarbeiten, indem man die Zutaten mit den Händen zunächst etwas bröselig reibt und dann mehr zusammendrückt als knetet, damit der Teig nicht brandig wird. In Folie wickeln und 1 Stunde im Kühlschrank ruhen lassen. Die Hälfte des Teigs auf einer bemehlten Arbeitsfläche 1 cm dick ausrollen. Ein Backblech mit Backpapier belegen und den ausgerollten Teig darauflegen. Den Tortenring aufsetzen und fest andrücken, die überstehenden Teigreste entfernen. Weiterverfahren, wie in der Bildfolge gezeigt. Die Konfitüre mit einem Teigschaber auf den vorbereiteten Tortenboden verstreichen, ohne daß der Teigrand berührt wird. Für das Gitter 12 unterschiedlich lange Teigstränge auf einer bemehlten Arbeitsfläche rollen. Die Torte im vorgeheizten Ofen bei 200 °C 10 Minuten backen, die Hitze auf 160 °C herunterschalten und in etwa 65 Minuten fertigbacken.

Patzerlgugelhupf

DREI VERSCHIEDENE FÜLLUNGEN: MIT WALNÜSSEN, ZWETSCHGENMUS UND QUARK – DAS MACHT DIESEN GUGELHUPF SO INTERESSANT.

Die österreichischen Zuckerbäcker haben eine Schwäche für geschmackliche Kombinationen solcher Art, die vor allem Quark und Powidl, dieses extrem fruchtige Zwetschgenmus, zusammenbringen. In diesem Fall kommt noch eine Walnußfüllung dazu.

Für den Hefeteig:
300 g Mehl, 20 g Hefe, 50 ml lauwarme Milch
50 g Zucker, 15 g Vanillezucker
2 Eier, verquirlt, 1 cl Rum
1/2 TL Abgeriebenes von 1 unbehandelten Zitrone
75 g Butter, in kleine Stücke geschnitten
Für die Walnußfüllung:
125 g Läuterzucker, 15 g Biskuitbrösel
75 g Walnüsse, gerieben
Abgeriebenes von 1/2 unbehandelten Zitrone
Für die Quarkfüllung:
15 g Butter, 40 g Zucker, 1 Eigelb
125 g Schichtkäse, 20 g Speisestärke, 1 cl Rum
Für die Zwetschgenfüllung:
100 g Powidl (Zwetschgenmus)
Außerdem:
1 Gugelhupfform von 4 l Inhalt
Butter zum Ausstreichen der Form
Mehl zum Bestauben der Form
1 Eigelb, mit 1 TL Wasser verrührt
Puderzucker zum Bestauben

Für den Hefeteig das Mehl in eine Schüssel sieben und in die Mitte einen Mulde drücken. Die Hefe in der Milch auflösen, etwas Zucker zugeben und in die Mehlmulde gießen. Dünn mit Mehl bestauben, die Schüssel bedecken und den Vorteig an einem warmen Ort gehen lassen. Sobald die Oberfläche Risse zeigt, den restlichen Zucker, den Vanillezucker, die Eier, den Rum und die Zitronenschale zugeben und zu einem glatten Teig schlagen. Die Butter einarbeiten, den Teig dabei kräftig kneten. Zugedeckt erneut gehen lassen, bis der Teig das Dreifache seines Volumens erreicht hat. Die Gugelhupfform mit Butter ausstreichen und mit Mehl bestauben; das überschüssige Mehl wieder abklopfen. Für die Nußfüllung den Läuterzucker in einer Kasserolle aufkochen, die Brösel, die geriebenen Walnüsse und die Zitronenschale zugeben und gut verrühren. Abkühlen lassen. Für die Quarkfüllung die Butter mit dem Zucker in einer Schüssel schaumig rühren. Das Eigelb unterrühren. Den Quark, die Speisestärke und den Rum zugeben, alles gut verrühren. Den Teig auf einer bemehlten Arbeitsfläche zu einer Rolle von 10 cm Durchmesser formen. Weiterverfahren, wie in der Bildfolge gezeigt. Den gut gegangenen Gugelhupf auf der mittleren Schiene bei 200 °C im vorgeheizten Ofen 10 Minuten backen, die Hitze auf 180 °C herunterschalten, den Kuchen abdecken und in 55 Minuten fertigbacken. Den ausgekühlten Gugelhupf mit Puderzucker bestauben.

Die Teigrolle mit einem scharfen Messer in 24 Scheiben von je 30 g schneiden. Die Scheiben zu Kugeln formen und diese mit einer Palette flach drücken.

Auf je 8 Scheiben die Nuß-, die Quarkfüllung und das Zwetschgenmus geben und glattstreichen. Dabei jeweils nur den halben Kreis bedecken und einen Rand frei lassen.

Die Ränder der Teigscheiben rundum mit Eigelb bestreichen. Die freie Teighälfte über die Füllung klappen und die Ränder fest andrücken, damit nichts ausläuft.

Die Teigtaschen sich überlappend in die Form schichten – Nuß, Zwetschgen, Quark. Die halbvolle Form zudecken und gehen lassen, bis der Teig den Rand fast erreicht hat.

Oblatentorte

DIE KARLSBADER OBLATEN SIND AN SICH SCHON EIN FEINES GEBÄCK – ABER DAMIT GAB MAN SICH NICHT ZUFRIEDEN.

Allein schon wegen ihrer runden Form war es naheliegend, die Oblaten zu füllen und daraus eine Torte zu machen – und dafür gibt es einige Beispiele. Das folgende Rezept ist ein sehr feines. Den größten Erfolg mit seinen gefüllten Oblaten aber hatte der Wiener Zuckerbäcker Oskar Pischinger, der eine Mischung aus Haselnußkrokant und Butter zu einer feinen Füllcreme rührte und die Torte dann mit Schokolade überzog.

Das böhmische Karlsbad ist heute noch berühmt für seine delikaten Oblaten, die ganz dünn mit einer Mandelmischung gefüllt sind. Inzwischen heißt die Stadt längst nicht mehr Karlsbad, sondern Karlovy Vary, und die Oblaten werden nicht nur in Tschechien hergestellt, es gibt sie mittlerweile wohlverpackt fast auf der ganzen Welt. Schon im k. u. k.–Österreich hat man sie jedenfalls mit sehr unterschiedlichen Füllungen zu kleinen Torten »veredelt«.

Süße Kunst in der Auslage. Die Wiener Zuckerbäcker leisten damit ihren Beitrag zum Image der Kulturstadt Wien. Und in Wien werden alle Stilrichtungen gepflegt: konservativ-gegenständlich, wie dieser Zuckeraufsatz mit Marzipanfrüchten, oder bescheiden-delikat, wie die Oblatentorte.

2 Pakete Karlsbader Oblaten (je 5 Stück)
Für die Füllung:
1/2 l Milch
80 g Zucker
1 Vanilleschote, längs aufgeschnitten
2 Eigelbe
40 g Speisestärke
50 g Marzipanrohmasse
250 g Butter
60 g Puderzucker
2 cl brauner Rum
160 g geschälte, geriebene Mandeln
Zum Garnieren:
Schokoladenspäne (siehe Seite 164)
Puderzucker zum Besieben
Maraschinokirschen

1. Für die Füllung die Milch mit dem Zucker zum Kochen bringen und die Vanilleschote zufügen. Die Eigelbe mit der Speisestärke und 1 bis 2 EL der heißen Milch verrühren. Sobald die Milch einmal kräftig aufgekocht ist, die Vanilleschote herausheben, das Mark auskratzen und wieder in die Milch geben. Die angerührte Speisestärke unter kräftigem Rühren mit dem Schneebesen in die Milch gießen und einige Male aufwallen lassen, bis die Vanillecreme richtig gebunden ist. In eine Schüssel füllen und zur Seite stellen. Die Oberfläche mit etwas Puderzucker besieben, damit sich keine Haut bildet.

2. Die Marzipanrohmasse mit der Hälfte der Butter verkneten. Die restliche Butter und den Puderzucker zugeben und mit dem Handrührgerät so lange verrühren, bis eine cremige Masse entstanden ist. Diese durch ein feines Sieb streichen. Zunächst den Rum und dann die Mandeln zufügen und alles gut miteinander vermischen. Die erkaltete Vanillecreme ebenfalls durch das Sieb streichen und Löffel für Löffel unter die Marzipan-Butter-Mischung rühren.

3. Die Oblaten gleichmäßig stark mit der Creme bestreichen und übereinandersetzen. Die restliche Creme auf die Oberfläche streichen und mit einem Messer eine wellige Kontur entstehen lassen. Zum Garnieren die Torte reichlich mit Schokoladenspänen bestreuen, mit Puderzucker besieben und mit Maraschinokirschen belegen.

Malakofftorte

EINE ECHTE ALT-WIENER KREATION – LUFTIG, LOCKER, LEICHT – UND HÖCHST EMPFEHLENSWERT, WENN SIE RICHTIG GEMACHT IST.

Das bedeutet, die Biskotten, wie die Löffelbiskuits in Österreich heißen, sollten selbst gebacken werden, denn die industriell gefertigten sind zu hart im Verhältnis zu der lockeren Creme. Schön knusprig werden die »Selbstgebackenen«, wenn man sie vor dem Backen mit Puderzucker besiebt. Dadurch bekommen sie eine krosse Oberfläche und bleiben innen weich.

1/3 von 1 Biskuitboden (siehe Grundrezept Seite 8)
Für die Biskotten/Löffelbiskuits:
6 Eigelbe
130 g Zucker
4 Eiweiße
60 g Speisestärke
70 g Mehl
Puderzucker zum Besieben

Die »Biskottentorte«, wie die Malakofftorte in Österreich auch genannt wird, kennt man schon seit dem vorigen Jahrhundert und nach den alten Rezepten wurde sie sehr oft mit Buttercreme gefüllt. Die heutigen Rezepte mit Schlagobers sind da wesentlich leichter.

Die richtige Reihenfolge ist wichtig – zuerst die Speisestärke unter den steifen Eischnee ziehen, dann die schaumig gerührten Eigelbe unterheben und zum Schluß das gesiebte Mehl. Bei dem gesamten Vorgang ist es wichtig, daß die Masse steif bleibt und nicht an Volumen verliert, weil die »Löffel« sonst beim Backen die Form nicht halten.

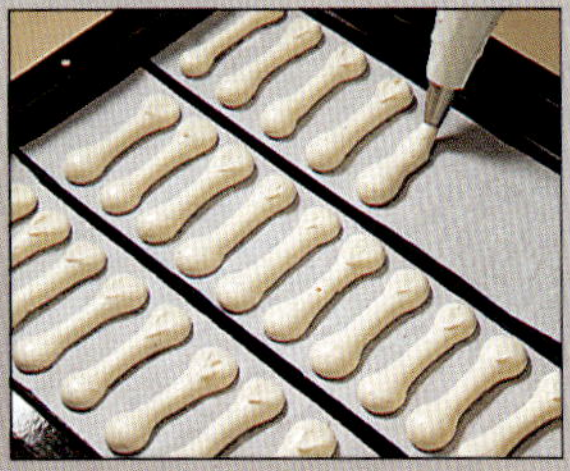

Das Backblech mit 10 cm breiten Backpapierstreifen auslegen. Die Biskuitmasse in einen Spritzbeutel mit Lochtülle Nr. 7 füllen und »Löffel« mit zungenförmigen Enden aufspritzen.

Den Puderzucker in ein kleines Sieb geben und die Biskuits besieben. Bei 180 °C im vorgeheizten Ofen backen. Nach 8 bis 10 Minuten den Bräunungsgrad prüfen.

Die Löffelbiskuits vom Papier lösen. Dafür die Streifen über die Kante einer Blechdose oder eines Tischs ziehen. So lösen sie sich von selbst, ohne zu brechen.

Für die Creme:
6 Blatt Gelatine
50 ml Milch, 90 g Zucker
2 Eigelbe
1 Messerspitze Salz
ausgeschabtes Mark von 1 Vanilleschote
2 cl Orangenlikör
2 Eiweiße, 1/2 l Sahne
2 cl Rum
2 cl Läuterzucker
Zum Garnieren:
1/4 l Sahne
1 EL Zucker
80 g geröstete, gehobelte Mandeln
Zesten von 1 unbehandelten Orange
Außerdem:
1 Tortenring von 26 cm Durchmesser

Für die Biskotten die Eigelbe mit 1/4 des Zuckers schaumig rühren, der Zucker muß völlig aufgelöst

sein. Die Eiweiße zu Schnee schlagen, dabei den restlichen Zucker einrieseln lassen. Weiterverfahren, wie in der Bildfolge gezeigt. Den Biskuitboden mit dem Tortenring oder dem Ring einer Springform von 26 cm Durchmesser umstellen. Für die Creme die Gelatine in kaltem Wasser einweichen. Die Milch mit der Hälfte des Zuckers, den Eigelben, dem Salz und dem Mark der Vanilleschote unter Rühren im Wasserbad bis »zur Rose« abziehen, das heißt, mit dem Schneebesen verrühren und dann mit dem Kochlöffel so lange bewegen, bis die Creme beginnt, dickflüssig zu werden. Sie soll auf dem Kochlöffel liegen bleiben und beim Daraufblasen sollen sich Kringel zeigen. Vom Herd nehmen, den Likör zugeben und kalt rühren. Die Eiweiße mit dem restlichen Zucker zu steifem Schnee schlagen und auch die Sahne steif schlagen. Zuerst den Eischnee unter die Grundcreme ziehen, dann die Sahne. Von der Creme eine Schicht auf den Biskuitboden streichen. Darauf eine Schicht von Biskotten legen. Den Rum mit dem Läuterzucker verrühren und die Biskotten damit beträufeln, am besten geht dies mit einem Pinsel. Eine weitere Schicht Creme darüberstreichen, erneut Biskotten darüberlegen und mit Rum und Läuterzucker beträufeln. Die restliche Creme darüberstreichen und die Torte im Kühlschrank fest werden lassen. Für die Garnitur die Sahne mit dem Zucker steif schlagen, die Torte aus dem Ring schneiden und damit einstreichen. 16 Stücke auf der Torte markieren, jeweils eine Sahnerosette aufspritzen und mit einer halben Biskotte garnieren. Rand und Oberfläche mit gerösteten, gehobelten Mandeln einstreuen und die Orangenzesten auflegen.

Konditormeister Friedrich Pfliegler garantiert in der Zuckerbäckerei des Hotel Sacher für konstante Qualität. Die Original-Sacher-Torten werden heute in aller Welt verkauft, wohlverpackt in Holzkisten. Aber besonders fein schmecken sie etwa am zweiten Tag.

Die Sachertorte

VIELLEICHT NICHT WEIT WEG VOM ORIGINAL – JEDENFALLS EINE SEHR FEINE SCHOKOLADENTORTE.

Die österreichische Zuckerbäckerei darf sich glücklich schätzen, ein solches Gustostück in Form einer Torte zu besitzen, das über Jahrzehnte für Schlagzeilen in der Presse gesorgt hat. Für diese Imagepflege haben die beiden Kontrahenten, das Hotel Sacher und die ehemalige k. u. k.-Hofkonditorei Demel, gesorgt. Beide sind Monumente der österreichischen Gastlichkeit.

Für den Schokoladenbiskuit:
120 g Halbbitter-Kuvertüre
100 g Butter
110 g Puderzucker
5 Eigelbe
ausgeschabtes Mark von 1/2 Vanilleschote
4 Eiweiße
50 g Mehl
120 g sehr fein geriebene Mandeln

Mit ungesüßtem Schlagobers wird die Original-Sachertorte grundsätzlich serviert. So präsentiert sie auch Ober Adi Kaiblinger im Café des Hotel Sacher, (siehe großes Bild).

Für die Schokodenglasur:
300 g Zucker, 100 g Kuvertüre
60 g Kakaopulver, 1/8 l Wasser
Außerdem:
1 Springform oder 1 Tortenring (22 cm Durchmesser)
Butter und Brösel für den Boden der Form
200 g Aprikosenkonfitüre, 2 bis 3 EL Wasser

1. Für den Schokoladenbiskuit die Kuvertüre im 40 °C warmen Wasserbad schmelzen und warm halten. Die Butter in einer entsprechend großen Schüssel mit 1/3 des Puderzuckers und den Eigelben schaumig rühren. Das Vanillemark und die lauwarme Kuvertüre unterrühren. Die Eiweiße mit dem restlichen Zucker steif schlagen und zusammen mit dem gesiebten Mehl und den Mandeln locker unterheben.

2. Nur den Boden – nicht den Rand – der Springform mit Butter ausfetten und mit Bröseln ausstreuen. Die Masse einfüllen und die Oberfläche glattstreichen. Bei 180 °C im vorgeheizten Ofen in 40 bis 50 Minuten backen.

3. Für die Schokoladenglasur – in Österreich sagt man auch noch »Konservschokolade« dazu – den Zucker, die kleingeschnittene Kuvertüre und das Kakaopulver in einer Kasserolle mit dem Wasser mischen und bis »zum starken Faden« kochen. Dieser Punkt ist erreicht, wenn die Glasur ihre Fäden zieht. Vom Herd nehmen, in eine Schüssel gießen und mit einem Holzspatel die Glasur ständig in Bewegung halten – der Fachmann nennt es »tablieren« –, bis sie dickflüssig wird.

4. Den ausgekühlten Biskuit einmal durchschneiden, einen Boden mit der Hälfte der Aprikosenkonfitüre bestreichen und den anderen aufsetzen. Die restliche Konfitüre mit dem Wasser einige Minuten kochen, passieren und damit die Torte gleichmäßig einstreichen. Auf ein Kuchengitter setzen, mit der Schokoladenglasur überziehen, abtrocknen lassen.

Die säuerlichen Johannisbeeren sind als Konfitüre ein interessanter Kontrapunkt zur Schokoladencreme und vor allem zum süßen Marzipan.

Marzipankartoffeln

EIN TRAUM VON SÜSSEN KUGELN, AUS LOCKEREM BISKUIT GEBACKEN UND MIT KONFITÜRE UND SCHOKOLADENCREME GEFÜLLT.

Der Aufwand lohnt sich, denn sie schmecken unwiderstehlich gut, durch die gelungene Kombination von luftiger Biskuitmasse als Gerüst, leichter Schokoladencreme und Konfitüre als Füllung und dem Mandelgeschmack der Hülle. Diese Kugeln lassen sich, ohne Kakaoschicht und einzeln in Folie gewickelt, gut einfrieren. Das Rezept ergibt etwa 24 Marzipankartoffeln, die halb so groß wie die bekannten Mohrenköpfe sind.

Für die Biskuitmasse:
3 Eigelbe, 60 g Zucker, 4 Eiweiße
50 g Speisestärke, 40 g Mehl
Für die Füllung:
130 g Butter, 80 g bittere Schokolade, 2 cl Rum
3 Eiweiße, 110 g Zucker, 200 g Johannisbeerkonfitüre
Für die Hülle:
100 g Johannisbeerkonfitüre
500 g Marzipanrohmasse, 200 g Puderzucker
Außerdem:
Puderzucker zum Ausrollen
Kakaopulver zum Wälzen der Kartoffeln

Die Biskuitmasse für diese Marzipankartoffeln muß besonders stabil sein, um Halbkugeln formen zu können. Deshalb ist die Reihenfolge der Zubereitung etwas anders als im Grundrezept auf Seite 9. Die Eigelbe mit 1/4 des Zuckers leicht schaumig rühren. Die Eiweiße zu Schnee schlagen, den restlichen Zucker einrieseln lassen und zu einem absolut schnittfesten Eischnee weiterschlagen. Erst die gesiebte Speisestärke, dann das schaumig gerührte Eigelb und zuletzt das gesiebte Mehl unter den Eischnee ziehen. 2 Backbleche mit Backpapier auslegen. Die Masse in einen Spritzbeutel mit Lochtülle Nr. 10 füllen, Halbkugeln von etwa 4 cm Durchmesser mit Abstand daraufspritzen. In den auf 190 °C vorgeheizten Ofen schieben, die Ofentür etwas offen lassen, so kann die Feuchtigkeit abziehen. In 6 bis 10 Minuten hellbraun backen. Für die Schokoladencreme die Butter schaumig rühren und die lauwarme, geschmolzene Schokolade hineingießen. Den Rum unterrühren. Die Eiweiße zu ganz steifem Schnee schlagen, dabei den Zucker einrieseln lassen. Unter die schaumige Buttermasse ziehen. Die Biskuitschalen auf der Unterseite mit einem spitzen Messer etwas aushöhlen. Füllen und zusammensetzen, wie gezeigt, und rundum mit der erhitzten Konfitüre bestreichen. Die Marzipanmasse mit dem Puderzucker glatt verkneten, auf der mit Puderzucker besiebten Arbeitsfläche etwa 2 bis 3 mm stark ausrollen, zu Quadraten schneiden. Die Kartoffeln damit einhüllen und in Kakaopulver wälzen. In Papierkapseln setzen.

Die Hälfte der auf einem Blech ausgelegten Halbkugeln mit Schokoladencreme (Spritzbeutel mit Lochtülle Nr. 6), die andere Hälfte mit Konfitüre füllen.

Je zwei unterschiedlich gefüllte Schalen zu Kugeln zusammensetzen. Rundum mit aufgekochter Konfitüre bestreichen, etwas antrocknen lassen.

Das ausgerollte Marzipan zu Quadraten von 8 x 8 cm schneiden. Die Biskuitkugeln jeweils in die Mitte legen und die Ecken nach oben zusammenschlagen.

Die Ecken mit 2 Fingern zusammendrücken, das überstehende Marzipan abschneiden. Die Kugeln mit der Hand nochmals rund drehen.

Schaumrollen und Schillerlocken

BEIDES EIN GEBÄCK AUS BLÄTTERTEIG, ABER UNTERSCHIEDLICHER HERKUNFT.

Unter Schaumrollen kann man sich durchaus etwas vorstellen. Bei Schillerlocken ist es schon schwieriger, denn bei den Tüten aus Blätterteig ist eine Ähnlichkeit mit den Locken des Dichters nur sehr schwer festzustellen. Es ist auch nicht überliefert, welcher Konditor soviel Fantasie hatte. Jedenfalls sind die süßen Tüten heute fast so bekannt wie ihr historisches Vorbild.

Die Schillerlocken gehörten einst zum Standardprogramm deutscher Konditoreien. Die dazu benötigten Formen waren nur den Fachleuten zugänglich. Heutzutage können sie, wie auch die Formen für die Schaumrollen, überall gekauft werden. Auch die Mühe, Blätterteig selbst zu machen, fällt weg, weil es ihn in recht guter Qualität tiefgekühlt gibt. Also kein Grund, auf die Schillerlocken zu verzichten. Dasselbe gilt für die Schaumrollen, die allerdings ganz original aus »Butterteig«, die österreichische Bezeichnung für Blätterteig, gebacken werden. Wollte man es wörtlich nehmen, dann dürfte man keinen tiefgekühlten Blätterteig aus Margarine verwenden. Die Schaumrollen werden übrigens selten mit Schlagsahne gefüllt, sondern meist mit einer Baisermasse, die mit Vanille aromatisiert wurde.

Auf die Teigstreifen jeweils einen dünnen Strich Eigelb pinseln, dabei darauf achten, daß die Schnittkanten frei bleiben, sie würden sonst an den Formen festkleben.

Die Teigstreifen spiralförmig auf die Formen rollen und die Enden jeweils fest andrücken. Die Oberfläche mit Eigelb bestreichen und kurz in die gehobelten Mandeln drücken.

Für 10 Schillerlocken oder Schaumrollen
Für den Blätterteig:
450 g Blätterteig, tiefgekühlt
1 Eigelb, mit 1 bis 2 EL Milch verrührt
gehobelte Mandeln zum Bestreuen

Für die Sahnefüllung:
3/8 l Sahne
50 g Zucker
Außerdem:
1 Backblech
Schillerlocken- und Schaumrollenformen
Puderzucker zum Besieben

Den Blätterteig auftauen. Auf einer leicht bemehlten Arbeitsfläche zu einem Rechteck von etwa 50 x 30 cm Größe ausrollen, dabei öfters die Richtung ändern. Den Teig in 10 Streifen von je 3 cm Breite schneiden und, wie in der Bildfolge gezeigt, zu Schillerlocken oder Schaumrollen aufrollen, mit dem Eigelb bestreichen und in die Mandelblättchen drücken. Die gerollten Formen mit dem Schluß nach unten auf das mit Wasser benetzte Backblech legen und etwa 15 Minuten ruhen lassen. Bei 200 °C im vorgeheizten Ofen in 15 bis 18 Minuten hellbraun backen. Die Schillerlocken und Schaumrollen noch warm von den Formen ziehen, erkalten lassen und füllen. Für die Sahnefüllung die Sahne mit dem Zucker steif schlagen. In einen Spritzbeutel mit Lochtülle Nr. 11 geben und die Schillerlocken und Schaumrollen damit füllen. Mit Puderzucker besieben. Sofort servieren, sie schmecken frisch am besten. Als Variante der Füllung kann man die Sahne zusätzlich mit Fruchtmark wie etwa Erdbeer- oder Himbeermark verrühren.

Cremeschnitten

EINE SOLCHE LUFTIGKEIT VON TEIG UND CREME KENNT MAN AUSSER IN WIEN NUR NOCH IN FRANKREICH.

»Mille-feuilles« – so heißt der Tausendblätterkuchen in Paris – ist lockerer Blätterteig, mit einer Creme Chibouste gefüllt und mit einer Zuckerglasur vollendet. Und das gleiche wird in Österreich in Form von Schnitten praktiziert, sozusagen eine alltägliche Delikatesse, die auch relativ einfach zu machen ist, wenn man den Blätterteig nicht selbst macht, sondern aus der Tiefkühltruhe holt. Für ein exaktes, sauberes Arbeiten werden 2 Holzleisten von 4 cm Breite und 40 cm Länge benötigt. Sie werden sozusagen als »Form« an die Längsseiten des Blätterteigstreifens gestellt, auf den dann die heiße Creme gegossen wird.

Die Eiweiße zu steifem Schnee schlagen, dabei 1 EL Zucker einrieseln lassen. Den gekochten Zucker in feinem Strahl einlaufen lassen und dabei langsam unterschlagen.

Die kochende Vanillecreme über die Baisermasse gießen und mit einem Holzspatel vorsichtig unterziehen. Darauf achten, daß die Creme nicht zusammenfällt.

Für 12 Stück
300 g Blätterteig, tiefgekühlt
Für die Vanillecreme:
1/2 l Milch
ausgeschabtes Mark von 1/2 Vanilleschote
120 g Zucker, 4 Eigelbe, 40 g Speisestärke
Für die Baisermasse:
180 g Zucker, 60 ml Wasser, 6 Eiweiße
Für die Glasur:
100 g Aprikosenkonfitüre, 2 bis 3 EL Wasser
100 g Fondant, 1 TL Zitronensaft
Außerdem:
1 Backblech, 2 Holzleisten von je 4 x 40 cm

Den Blätterteig auftauen. Zu einer Platte von 20 x 42 cm gleichmäßig stark ausrollen. Auf ein mit kaltem Wasser benetztes Backblech legen und mehrmals mit einer Gabel einstechen, damit der Teig beim Backen keine Blasen wirft. An einem kühlen Ort 20 bis 30 Minuten ruhen lassen. Bei 210 °C im vorgeheizten Ofen nach Sicht hellbraun backen. Noch warm in 2 Streifen von 9 x 40 cm schneiden. Die Aprikosenkonfitüre mit dem Wasser einige Minuten kochen, passieren und damit einen Teigstreifen mit einem Pinsel bestreichen. Den Fondant ganz leicht erwärmen, mit dem Zitronensaft verdünnen und über die Aprikotur streichen. Abtrocknen lassen und den Streifen in 12 Stücke schneiden. Für die Creme die Milch in einer Kasserolle mit dem Vanillemark und dem Zucker zum Kochen bringen. Die Eigelbe mit der Speisestärke und 1 bis 2 EL der heißen Milch verrühren. Diese Mischung unter kräftigem Rühren mit dem Schneebesen in die Milch gießen und einige Male aufwallen lassen, bis die Creme richtig gebunden ist. Parallel dazu für die Baisermasse den Zucker – bis auf 1 EL – mit dem Wasser bis zum Ballen kochen, das heißt, bis ein Tropfen des entstandenen Sirups, den man zwischen den Fingern reibt, eine weiche Kugel bildet. Gleichzeitig die Eiweiße zu Schnee schlagen. Weiterverfahren, wie in der Bildfolge gezeigt. An die Längsseiten des zweiten Teigstreifens die Holzleisten stellen und etwas Schweres dagegenstellen, damit sie beim Einfüllen nicht umfallen. Die heiße Creme hineingeben, die Oberfläche glattstreichen und erkalten lassen. Die geschnittenen, glasierten Oberflächen daraufsetzen und den Streifen zu Schnitten schneiden.

Kultur, Geschichte und Kaffeehäuser liegen in Wien sehr eng beieinander, und die Zuckerbäcker sorgen mit ihrer Kunst dafür, daß letztere auch genügend Zulauf haben. Zur Schale Milchkaffee gehört nun mal ein Kipferl oder eben eine luftige Cremeschnitte.

Vanillekipferl und Ischler Schnitten

ZWEI TRADITIONSREICHE TEEGEBÄCKE AUS »LINZERTEIG«, WIE DER MANDELMÜRBTEIG IN ÖSTERREICH GENANNT WIRD.

Zwei Teige, die sich kaum unterscheiden, die jedenfalls nach der gleichen Methode zubereitet werden. Wer sich die Mühe sparen möchte, kann also getrost aus dem Teig für die Schnitten auch die Kipferln formen.

Für etwa 40 Ischler Schnitten:
200 g weiche Butter, 120 g Zucker
ausgeschabtes Mark von 1 Vanilleschote
1 Eigelb, 180 g ungeschälte Mandeln, gerieben
270 g Mehl
Für die Füllung:
150 g Himbeerkonfitüre
Für den Überzug und zum Garnieren:
250 g Kuvertüre, 50 g gehackte Pistazien

Die Butter mit dem Zucker und dem Mark der Vanilleschote cremig rühren, das Eigelb zufügen und unterrühren. Die Mandeln und das Mehl untermischen und alles zu einem glatten Teig kneten, in Folie wickeln und mindestens 2 Stunden im Kühlschrank ruhen lassen. Den Teig auf einer bemehlten Arbeitsfläche 3 bis 4 mm dick ausrollen und Schnitten von 4,5 x 2,5 cm ausschneiden. Auf ein Backblech legen und im vorgeheizten Ofen bei 190 °C etwa 12 Minuten backen. Die Hälfte der Schnitten mit der erwärmten, passierten Konfitüre bestreichen und mit den restlichen Schnitten zusammensetzen. Die Kuvertüre schmelzen und die Schnitten mit der Oberfläche hineintauchen. Mit Pistazien bestreuen.

Für etwa 80 Vanillekipferl:
ausgeschabtes Mark von 1 Vanilleschote
100 g geschälte Mandeln, gerieben
280 g Mehl, 90 g Zucker
1 Messerspitze Salz, 200 g weiche Butter
2 Eigelbe
Außerdem:
150 g Zucker
ausgeschabtes Mark von 1 Vanilleschote

Aus dem Teig 2 gleichmäßig starke Rollen formen, 2 Stunden kühlen und dann mit dem Messer in gleich starke Scheiben schneiden.

Die Teigscheiben auf der Arbeitsfläche zu Röllchen von etwa 6 cm Länge formen und die Enden jeweils spitz zulaufen lassen.

Die Teigröllchen in der typischen Hörnchenform auf ein Backblech legen. Genügend Abstand halten, weil der Teig etwas auseinanderläuft.

Das Mark der Vanilleschote, die Mandeln, das Mehl, den Zucker und das Salz auf eine Arbeitsfläche geben, die Butter in Flöckchen darauf verteilen. Alles mit einer Palette zu Krümeln hacken, die Eigelbe zugeben und einen glatten Teig kneten. Weiterverfahren, wie in der Bildfolge gezeigt. Bei 190 °C im vorgeheizten Ofen etwa 12 Minuten backen. Den Zucker mit dem Vanillemark vermischen und die Kipferl darin wälzen.

Hägenmakronen

DIESE LUFTIGEN, KLEINEN FRUCHTMAKRONEN SIND EIN GANZ TYPISCHES SCHWÄBISCHES GEBÄCK DER WEIHNACHTSZEIT.

Solche Eiweißmakronen werden zwar meist mit Mandeln zubereitet, weil diese einfach das feinste Aroma haben und gut mit anderen Zutaten harmonieren. Ebensogut können sie aber mit den kräftig schmeckenden Haselnüssen oder Walnüssen zubereitet werden.

Für etwa 100 Stück
5 Eiweiße
500 g Puderzucker
Abgeriebenes und Saft von 1/2 unbehandelten Zitrone
80 g Hagebuttenmark
600 g geschälte, geriebene Mandeln

Die Eiweiße schaumig rühren, dabei den gesiebten Puderzucker einrieseln lassen. Eine Tasse von dieser Masse abnehmen, mit Folie abdecken und für die spätere Verwendung zur Seite stellen. Die abgeriebene Zitronenschale und den Zitronensaft mit dem Schneebesen unter die verbliebene Eiweißmasse rühren. Das Hagebuttenmark und die Mandeln miteinander mit dem Schneebesen unterrühren. 3 Backbleche mit Backpapier belegen. Kleine, runde Makrönchen mit zwei nassen Teelöffeln von der Masse abstechen oder mit dem Spritzbeutel und Lochtülle Nr. 8 auf die Bleche setzen beziehungsweise spritzen. Weiterverfahren, wie in der Bildfolge gezeigt. Die Makronen bei 160 °C im vorgeheizten Ofen etwa 20 Minuten backen. Dabei die Ofentür immer einen kleinen Spalt offen lassen, damit die überschüssige Feuchtigkeit entweichen kann.

Das »Hägenmark«, also die Hagebuttenkonfitüre, wird heutzutage auch wieder selbst eingekocht, obwohl das Vorbereiten, vor allem das Entfernen der Samen, eine mühsame Sache ist. Aber man kann sie auch fertig kaufen, und wer sie nicht bekommt, kann Himbeermark verwenden – damit schmecken die Makronen ebensogut.

Himbeerschäumchen als Variante: Sie werden genauso wie die Hägenmakronen zubereitet, lediglich wird das Hägenmark durch Himbeermark ersetzt. Dafür 100 g frische oder tiefgefrorene Himbeeren mit 80 g Zucker etwa 10 Minuten kochen. Erkalten lassen und zu einer kernlosen Paste durch ein Sieb passieren. Vollständig abkühlen lassen und mit dem Schneebesen vorsichtig unter die Eiweißmasse ziehen.

Die Makronen etwa 2 bis 3 Stunden abtrocknen lassen, bis sie eine dünne Kruste entwickeln. Mit einem Kochlöffelstiel jeweils eine Vertiefung eindrücken.

Mit der zur Seite gestellten Eiweiß-Spritzglasur auffüllen: In eine Papiertüte oder in einen Spritzbeutel mit kleiner Lochtülle füllen und in die Vertiefungen spritzen.

Leipziger Lerchen

DER ERFINDUNGSREICHTUM SÄCHSISCHER KONDITOREN IST NICHT ZU UNRECHT BERÜHMT, UND BEISPIELE GIBT ES GENUG.

Diese Mandeltörtchen aus Leipzig sind nur ein Beispiel unter vielen. Warum sie »Lerchen« genannt wurden, ist offensichtlich nicht überliefert. Sie sollen jedenfalls in Leipzig zur Zeit Goethes entstanden sein, und der Erfinder war ein Bäcker namens Händel.

Für 12 Stück
Für den Mürbteig:
250 g Mehl
150 g Butter
70 g Zucker, 1 Eigelb
1/4 TL Salz
Für die Füllung:
130 g Puderzucker
2 cl Weinbrand, 3 Eigelbe
180 g geschälte, geriebene Mandeln
4 bis 5 bittere Mandeln, fein gerieben
20 g Speisestärke
30 g Mehl
3 Eiweiße
200 g Aprikosenkonfitüre
Außerdem:
Briocheförmchen mit 9 cm Durchmesser
Puderzucker zum Besieben

Für den Teig das Mehl auf eine Arbeitsfläche sieben und in die Mitte eine Mulde drücken. Die Butter in Stücken, den Zucker, das Eigelb und das Salz hineingeben und zu einem Mürbteig arbeiten, wie auf Seite 6 beschrieben. Den Teig in Folie wickeln und mindestens 1 Stunde im Kühlschrank ruhen lassen. Anschließend auf der bemehlten Arbeitsfläche maximal 3 mm dick ausrollen. Die Briocheförmchen – sie brauchen nicht gefettet zu werden – damit auslegen, dabei den Teig mit den Fingern fest andrücken und den am Rand überstehenden Teig abschneiden. Für die Füllung die Hälfte des Puderzuckers mit dem Weinbrand, den Eigelben und den geriebenen Mandeln verrühren. Darunter das mit der Speisestärke gesiebte Mehl mischen. Die Eiweiße zu Schnee schlagen, nach und nach den restlichen Puderzucker einlaufen lassen und weiterschlagen, bis ein schnittfester Eischnee entstanden ist. Diesen unter die Mandelmasse rühren. Die Törtchen füllen, wie in der Bildfolge beschrieben, und auf ein Backblech setzen. Bei 180 °C im vorgeheizten Ofen in 20 bis 25 Minuten schön hellbraun backen. Sie sollen außen knusprig und innen noch schön weich sein. Mit Puderzucker besieben.

In die mit dem Mürbteig ausgelegten Förmchen jeweils 1 gehäuften TL der Konfitüre geben, mit der Mandelmasse auffüllen und glattstreichen.

Aus dem restlichen Mürbteig 1 cm breite Streifen schneiden und jeweils über Kreuz auf die Füllung legen bis an den Förmchenrand.

Schwarz-Weiß-Gebäck

EIN TEEGEBÄCK AUS SANDTEIG, DAS NICHT NUR ATTRAKTIV AUSSIEHT, SONDERN AUCH WUNDERBAR MÜRB SCHMECKT.

Wenn es so attraktiv wie auf dem nebenstehenden Bild gelingen soll, dann muß man bei der Zubereitung sehr genau vorgehen. Der Teig, ein besonders sandiger Mürbteig, muß exakt ausgerollt werden, und da sind Holzleisten sehr hilfreich. Man bekommt sie in verschiedenen Stärken in Geschäften mit Bastelzubehör. Für dieses Rezept sollen sie 1 cm breit sein.

Auf einer bemehlten Arbeitsfläche das weiße Teigrechteck mit etwas Abstand zwischen zwei Holzleisten legen und auf deren Höhe ausrollen.

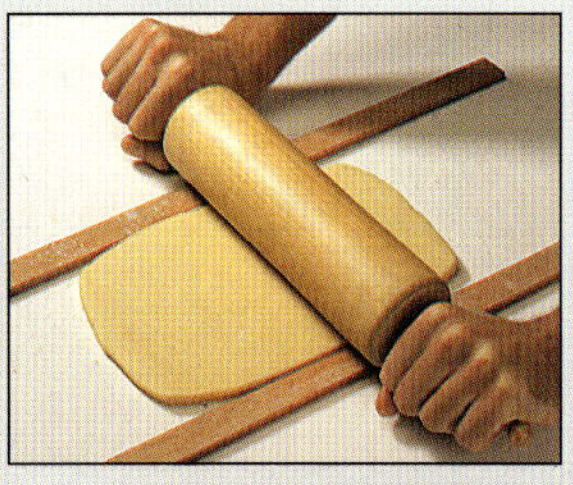

Maßarbeit ▶ ist angesagt, wenn das Schwarz-Weiß-Gebäck gleichmäßig geformt sein soll. Ob es mit dunklem oder hellem Rand versehen wird, ist eine Frage der Optik.

Das dunkle Teigrechteck ebenso ausrollen. Eine Leiste als Lineal verwenden und damit beide Teige in gleichmäßige, 1 cm breite Streifen schneiden.

Den hellen Teig für die Umhüllung etwa 2 mm stark ausrollen. Den Streifenblock auflegen, mit Eigelb bestreichen und mit der Teigplatte einschlagen.

Helle und dunkle Teigstreifen mit dem verrührten Eigelb bestreichen und jeweils die Hälfte im Schachbrettmuster zusammensetzen.

1 Stunde kühlen. Den Teigblock in 4 bis 5 mm starke Scheiben schneiden. Den ganzen Vorgang wiederholen und mit dunklem Teig einschlagen.

Für etwa 80 Stück
300 g Butter, 150 g Puderzucker
1 Messerspitze Salz
ausgeschabtes Mark von 1/2 Vanilleschote
400 g Mehl, 40 g Kakao
Außerdem:
1 Eigelb, mit 2 EL Milch verrührt

Für den Mürbteig die Butter auf einer Arbeitsfläche mit dem Puderzucker, dem Salz und dem Vanillemark mit einem Löffel cremig verreiben. Das Mehl darübersieben und so schnell wie möglich einen Teig daraus kneten. Sobald das Mehl halbwegs untergearbeitet ist, den Teig halbieren. Eine Hälfte ganz kurz weiterkneten, bis ein glatter Teig entsteht. Zur zweiten Hälfte den Kakao sieben, möglichst schnell unterkneten. Aus beiden Teigen Kugeln formen, in Folie wickeln und im Kühlschrank 1 bis 2 Stunden durchkühlen lassen. Beide Teige halbieren und je 1 hellen und 1 dunklen zu Rechtecken formen, die beiden anderen für das Einschlagen zurücklegen. Weiterverfahren, wie in der Bildfolge links gezeigt. Die geschnittenen Gebäckscheiben mit Abstand auf ein ungefettetes Blech legen. Bei 180 °C im vorgeheizten Ofen in etwa 12 Minuten backen. Das Gebäck soll hell bleiben, damit der Schwarz-Weiß-Effekt gut zur Geltung kommt.

Frisch aus dem Fettopf schmecken die Spritzkuchen natürlich sehr fein, auch wenn sie nur mit Puderzucker bestaubt sind. Oder man drückt sie in mit Vanille aromatisierten Zucker. Mit der Arrakglasur aber bekommen sie eine ganz besondere Note.

Spritzkuchen mit Arrakglasur

GANZ EINFACHES SCHMALZGEBÄCK, DAS ABER, SO FRISCH WIE MÖGLICH GENOSSEN, WUNDERBAR SCHMECKT.

Die deutschen Spritzkuchen, die im alemannischen Süden »Strauben« genannt werden, sind die Variante eines Schmalzgebäcks, das in unterschiedlicher Form in vielen Ländern anzutreffen ist. Diese Spritzkuchen haben viele Verwandte, die alle aus einem eireichen Brandteig zubereitet werden. So kann man in Süditalien und auf Sizilien die Zuckerbäcker beobachten, wie sie gekonnt den Teig ins heiße Öl spritzen. In Griechenland und in der Türkei werden sie nach dem Backen in Honig getaucht, und in Spanien, in Portugal und in Mexiko werden die »churros«, wie sie dort heißen, sofort in Zucker gewälzt.

Für den Brandteig:
1/4 l Milch, 100 g Butter, 1 Messerspitze Salz
1 TL Zucker, 230 g Mehl, 5 bis 7 Eier
Für die Aprikotur:
100 g Aprikosenkonfitüre, mit 2 EL Wasser erhitzt
Für die Glasur:
100 g Fondant, mit 2 cl Arrak parfümiert
Außerdem:
Pflanzenfett für das Backpapier und zum Ausbacken

Den Brandteig zubereiten, wie im Grundrezept auf Seite 7 beschrieben. Dabei die Eier nacheinander bis zur gewünschten Konsistenz unterrühren, wie sie auf dem nebenstehenden Bild erkennbar ist. Backpapier in der Größe des Fettopfes zurechtschneiden, fetten und im Kühlschrank erstarren lassen. Die Ringe daraufspritzen. Das Papier mit den daranklebenden Ringen anheben, umdrehen und in das heiße Fett legen. Es läßt sich dann mühelos von den Spritzkuchen abziehen. Den Topf schließen und die Spritzkuchen etwa 3 Minuten bei 180 °C ausbacken, den Deckel entfernen, die Spritzkuchen wenden und auch von der anderen Seite schön braun ausbacken. Herausheben, auf einem Gitter abtropfen lassen.

Der Brandteig muß schön glänzend vom Kochlöffel fallen, aber dennoch formstabil sein. So ist er gerade recht.

Den Brandteig in einen Spritzbeutel mit Sterntülle Nr. 10 füllen. Gleich große Ringe auf das gefettete Backpapier spritzen.

Die Spritzkuchen sollen noch warm sein, wenn sie mit der heißen Aprikotur bestrichen werden. Dann abtrocknen lassen.

Mit der Oberseite in die Arrakglasur tauchen. Beim Herausheben gut ablaufen lassen. Auf einem Gitter abtropfen lassen.

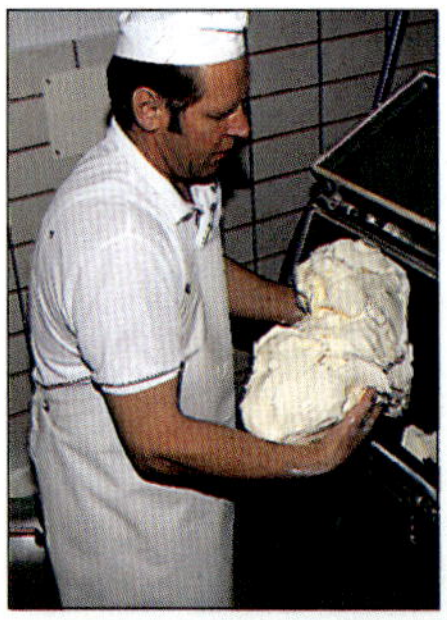

Die gute, frische Butter bedingt den feinen Geschmack dieses simplen Kuchens.

Sächsischer Butterkuchen

DIE EINFACHEN BLECHKUCHEN SIND ES IN ERSTER LINIE, DIE SACHSEN ALS KUCHENLAND SO BERÜHMT GEMACHT HABEN.

Der schlichte Butterkuchen ist dafür das beste Beispiel. Ein Kuchen, der täglich zum Kaffee gegessen werden kann. Und die sächsische Liebe zum Kaffee ist unbestritten. Nur weiß man nicht so recht, ob die Sachsen zu Kaffeeliebhabern wurden, weil dort so feine Kuchen gebacken werden, oder ob sie so delikates Gebäck erfanden, um ihren »Gaffee«, ihren Kaffee, nicht ohne die süßen Begleiter trinken zu müssen. Aber egal, ob es sich um den einfachen Butterkuchen, die feinere Dresdner Eierschecke oder gar den festlichen Stollen handelt, sie alle sind gute Beispiele für die sächsische Kunst des Kuchenbackens.

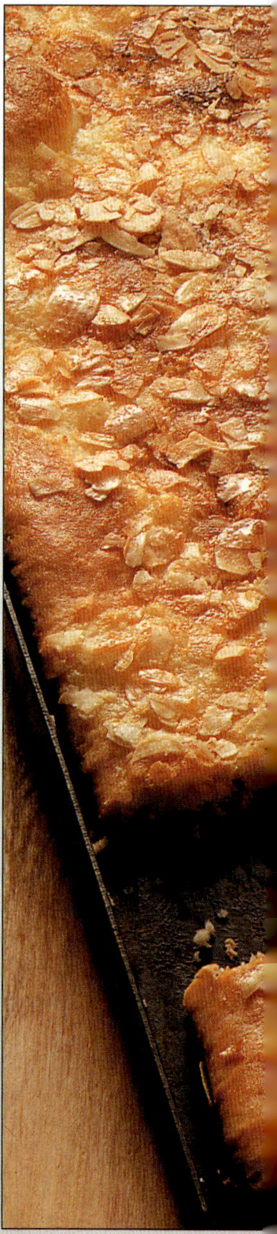

Frisch aus dem Ofen schmeckt er am besten. Dann kommt die geschmackliche Kombination vom Hefeteig mit den karamelisierten Mandeln und frischer, heißer Butter besonders gut zur Geltung. Wen wundert´s, daß dazu eine heiße Tasse Kaffee die ideale Ergänzung ist.

Mit zwei Fingern Vertiefungen in geringen Abständen in den Teig drükken. Sie sollen bis auf den Boden reichen, damit sie sich durch weiteres Gehen nicht schließen können.

Die Butter mit einem Spritzbeutel und Lochtülle Nr. 6 in kleinen Tupfen auf den Teig spritzen – unabhängig von den Vertiefungen, in welche die Butter beim Backen hineinläuft.

Die Mandeln gleichmäßig auf der Kuchenoberfläche verteilen. Den Zucker gründlich mit dem Zimt mischen und mit den Fingern großzügig über den Kuchen streuen.

Für den Hefeteig:
400 g Mehl
25 g Hefe
1/8 l lauwarme Milch
30 g Zucker
70 g lauwarm zerlassene Butter
1/2 TL Salz, 2 Eier
Für den Belag:
300 g Butter, 1/4 TL Salz
150 g gehobelte Mandeln
150 g Zucker
1/4 TL gemahlener Zimt
Außerdem:
1 Backblech

Für den Hefeteig das Mehl in eine Schüssel sieben und in die Mitte eine Mulde drücken. Die Hefe in der Milch auflösen, etwas Zucker zugeben und in die Mehlmulde gießen. Dünn mit Mehl bestauben, die Schüssel bedecken und den Vorteig an einem warmen, zugfreien Ort gehen lassen. Sobald die Oberfläche Risse zeigt, den restlichen Zucker, die Butter, das Salz und die Eier zugeben und zu einem glatten Teig schlagen, bis er Blasen wirft und sich vom Schüsselrand löst. Den Teig auf einer bemehlten Arbeitsfläche gleichmäßig dick in Blechgröße ausrollen. Auf das ungefettete Backblech legen, mit einem Tuch zudecken und erneut gehen lassen. Für den Belag die Butter mit dem Salz schaumig rühren. Weiterverfahren, wie in der Bildfolge gezeigt. Den Kuchen bei 220 °C im vorgeheizten Ofen 5 Minuten backen, die Hitze auf 200 °C reduzieren und weitere 12 bis 15 Minuten backen. Der Kuchen soll knusprig braun, aber innen schön weich sein. In Schnitten von 10 x 6 cm Größe schneiden.

Zwetschgendatschi

EIN PFLAUMENKUCHEN, DER IN VIELEN REGIONEN BEKANNT IST, ABER NUR IN BAYERISCH-SCHWABEN LIEBEVOLL »DATSCHI« GENANNT WIRD.

Die Pflaumensaison beginnt zwar schon im Juli, aber mit einem echten Zwetschgendatschi sollte man den August noch abwarten. Denn erst dann gibt es die richtigen »Datschi-Zwetschgen«. Sie müssen sonnengereift, süß und dennoch trocken sein, damit sie sich gut aufschneiden lassen.

Für den Hefeteig:
500 g Mehl, 30 g frische Hefe, 1/4 l lauwarme Milch
40 g Butter, 1 Ei, 50 g Zucker, 1/4 TL Salz

Mit Puderzucker bestaubt und frisch vom Blech ist der Pflaumenkuchen ein Genuß.

Für den Belag:
1,5 kg Zwetschgen
Für die Streusel:
350 g Mehl, 200 g Zucker
200 g Butter
Außerdem:
1 Backblech und Butter zum Ausfetten
50 g gehobelte Mandeln

1. Das Mehl in eine Schüssel sieben und in die Mitte eine Mulde drücken. Die Hefe hineinbröckeln und mit der Milch auflösen. Den Vorteig mit etwas Mehl bestauben. Die Schüssel mit einem Tuch bedecken und an einem warmen Ort gehen lassen, bis die Oberfläche Risse zeigt.

2. Die Butter zerlassen und zum Vorteig geben. Das Ei, den Zucker und das Salz zufügen. Von der Mitte aus mit dem Mehl zu einem trockenen Teig verschlagen, bis er glatt ist und sich von der Schüsselwand löst. Erneut zudecken und an einem warmen, zugfreien Ort gehen lassen, bis er das doppelte Volumen erreicht hat.

3. Für den Belag die Zwetschgen waschen, abtrocknen, die Steine herauslösen und vierteln, dabei aber nicht ganz durchschneiden, damit sie noch zusammenhängen. Nur so lassen sie sich beim Auflegen mühelos überlappen. Das Backblech fetten. Den Teig ausrollen, auflegen, mehrmals mit einer Gabel einstechen und belegen.

4. Für die Streusel Mehl, Zucker und Butter vermengen und zwischen den Fingern krümelig reiben. Mit den Mandeln über die Zwetschgen verteilen. Weitere 15 Minuten gehen lassen.

5. In den auf 200 °C vorgeheizten Ofen schieben und 20 bis 30 Minuten backen.

Flockentorte mit Preiselbeeren. Eine feine Variation des Rezepts auf dieser Seite. Die Himbeeren werden durch Preiselbeerkompott ersetzt, und der Brandteig wird zu runden Böden geschnitten. Die übrigen Zutaten und die Zubereitung sind vollkommen identisch.

Flockenschnitten

DIE GESCHMACKLICHE HARMONIE VON KROSS GEBACKENEM BRANDTEIG UND LEICHT GESÜSSTER SAHNE IST VOM »WINDBEUTEL« BEKANNT.

Süß-saure Früchte wie die Himbeeren dieses Rezepts oder die Preiselbeeren der Flockentorte bringen einen weiteren geschmacklichen Akzent mit – ganz einfach delikat. Aber egal ob Torte oder Schnitten, das Gebäck schmeckt wirklich nur ganz frisch. Zum einen, weil die Sahne ohne Bindung nur begrenzt haltbar ist, und zum anderen, weil die Brandteigstreifen im »knusprigen Kontrast« zur fruchtig-cremigen Sahne stehen müssen.

Für den Brandteig:
200 ml Wasser, 70 g Butter
1/2 TL Salz, 1 TL Zucker
200 g Mehl, 5 Eier
Für die Füllung:
300 g frische Himbeeren
50 g Puderzucker
1 EL Rum, 3/4 l Sahne
80 g Zucker
Außerdem:
Butter und Mehl für die Backbleche
1 EL Puderzucker zum Bestauben

Den Brandteig zubereiten, wie auf Seite 7 beschrieben. 2 Backbleche leicht fetten und mit Mehl bestauben. Weiterverfahren, wie gezeigt. Für die Füllung die Himbeeren säubern, mit dem Puderzucker bestauben, mit dem Rum beträufeln und mit einer Gabel grob zerdrücken. Etwas durchziehen lassen. Die Sahne mit dem Zucker steif schlagen. 2/3 davon mit der Himbeermasse vermischen. Die mit der Himbeersahne zusammengesetzten Teigstreifen rundum, also Oberfläche und Ränder, mit der restlichen Sahne einstreichen und mit den Flocken bestreuen. Die Oberfläche leicht mit Puderzucker bestauben. Möglichst in 2 bis 3 Stunden servieren.

Je die Hälfte des Brandteigs dünn auf die vorbereiteten Bleche streichen. Bei 250 °C im vorgeheizten Ofen in 15 Minuten hellbraun backen.

Die beiden Teigplatten vorsichtig von den Blechen lösen und erkalten lassen. Eine der beiden Platten in 3 Streifen von je 10 cm Breite schneiden.

Die zweite Teigplatte mit einem langen Messer mit Sägeschliff in kleine, gleichmäßige Stücke beziehungsweise Flocken schneiden.

Einen Teigstreifen mit der Mischung bestreichen, den zweiten und dritten Teigstreifen aufsetzen und dabei jeweils mit der Füllung bestreichen.

Rieslingcremetorte

EINE ZARTE WEINCREME ZWISCHEN KNUSPRIGEN BÖDEN AUS MANDELN UND SCHOKOLADE.

Der Wein ist letztlich ausschlaggebend, wie die Creme schmecken soll. Für eine gute Rotweincreme ist beispielsweise ein reiner Merlot geeignet, und für eine gute weiße Weincreme ist ein deutscher Riesling fast unschlagbar. Seine deutliche Frucht gibt der Creme den gewünschten Charakter, und der wird auch nicht durch die Säure der Zitrone und den Orangensaft beeinträchtigt.

Für den Teig:
150 g Mehl, 20 g Kakaopulver, 1 Eigelb, 2 EL Milch
75 g Butter, in grobe Stücke geschnitten
75 g Zucker, 75 g geschälte, geriebene Mandeln
Für die Weincreme:
8 Blatt Gelatine, 4 Eigelbe, 160 g Zucker
3/8 l Riesling
Abgeriebenes und Saft von 1 unbehandelten Zitrone
Saft von 1 Orange, 1/4 l Sahne
Außerdem:
2 Backbleche, 1 Tortenring von 26 cm Durchmesser
Puderzucker zum Besieben

Die Weinregion Mosel, mit ihren Burgen und heimeligen Städtchen, ist schon durch ihre Nähe zu Frankreich eine kulinarisch interessante Gegend, und Mosel-Rieslinge gehören zum Feinsten!

1. Für den Teig das Mehl mit dem Kakao sieben und in die Mitte eine Mulde drücken. Das Eigelb und die Milch hineingeben. Die Butter in grobe Stücke schneiden und mit dem Zucker und den Mandeln darüber verteilen. Alles zu feinen Krümeln hacken und diese von außen nach innen schnell zu einem glatten Teig kneten. Zu einer Kugel formen, in Folie wickeln und mindestens 1 Stunde im Kühlschrank ruhen lassen.

2. Den Teig auf einer bemehlten Arbeitsfläche 3 bis 4 mm stark zu 2 Böden von 26 cm Durchmesser ausrollen, auf 2 Backbleche legen, mehrmals einstechen und bei 200 °C im vorgeheizten Ofen 10 bis 12 Minuten backen. Sofort den schöneren der beiden Böden in 16 Stücke schneiden und mit Puderzucker besieben.

3. Für die Weincreme die Gelatine in kaltem Wasser einweichen. Die Eigelbe mit dem Zucker verrühren. In eine Kasserolle geben und den Riesling, die abgeriebene Zitronenschale sowie den Zitronen- und Orangensaft zufügen. Bis kurz vor dem Siedepunkt erhitzen, damit die Eigelbe leicht abbinden, und aufschlagen. Die ausgedrückte Gelatine unter Rühren in der heißen Creme auflösen. Die Sahne steif schlagen. Mit dem Schneebesen locker unter die Weincreme heben, sobald diese zu stocken beginnt.

4. Den Tortenring um den ganzen Mürbteigboden stellen, die Weincreme einfüllen und glattstreichen. Im Kühlschrank fest werden lassen. Den vorgeschnittenen Boden daraufschieben. Nach Belieben mit Trauben garnieren.

Auf die Weißweine ist man in den deutschen Weinbaugebieten besonders stolz, und die Entwicklung der Rieslinge eines jeden Jahrgangs wird mit besonderer Sorgfalt verfolgt.

Orangenfilets ohne Haut zum Garnieren. Die Orange auf der Arbeitsfläche festhalten und mit einem kleinen, scharfen Messer die Schale von oben nach unten in Segmenten abschneiden. Die Orange drehen, an den Häuten einschneiden und die Filets herausheben.

Orangenquarktorte

REIFE UND WIRKLICH SÜSSE ORANGEN SIND NÖTIG, WENN DIESE TORTE OPTIMAL SCHMECKEN SOLL.

Für das Aroma ist auch die Schale der Orangen wichtig, weshalb diese absolut unbehandelt sein muß. Damit auch nur die äußere Schale in die Creme kommt, sollte man sie mit Würfelzucker abreiben. Das ist zwar mühsam, garantiert aber, daß wirklich nichts von der leicht bitteren weißen Unterhaut den Wohlgeschmack der Creme stört.

300 g Blätterteig, tiefgekühlt
Für die Quarkcreme:
7 Blatt Gelatine, 3 Eigelbe, 120 g Zucker
1 Messerspitze Salz
3 unbehandelte Orangen (1/8 l Saft)
50 g Würfelzucker, 1/8 l Milch
400 g trockener Quark (Schichtkäse), 1/2 l Sahne
Für den Zuckerguß:
Saft von 1 Orange (30 ml), 80 g Puderzucker
Außerdem:
1 Springform oder 1 Tortenring (26 cm Durchmesser)
12 Orangenfilets zum Garnieren

1. Den Teig auftauen, grob würfeln und auf der bemehlten Arbeitsfläche wieder zu einem glatten Teig kneten. So geht er beim Backen nicht zu stark auf. Halbieren und 2 Böden von je 28 cm Durchmesser ausrollen. Jeweils auf ein mit Pergamentpapier belegtes Backblech legen, mehrmals einstechen. 1/2 Stunde ruhen lassen. In dem auf 220 °C vorgeheizten Ofen 10 bis 12 Minuten hellbraun backen. Dabei »schnurren« die Böden auf etwa 26 cm Durchmesser zusammen.

2. Für die Creme die Gelatine in etwas kaltem Wasser einweichen. Die Eigelbe mit dem Zucker in einer Kasserolle verrühren. Das Salz zugeben. Die Schale der gewaschenen Orangen mit dem Würfelzucker sorgfältig abreiben und zugeben. Den Orangensaft und die Milch zugießen, mit einem Schneebesen kräftig durchrühren. Unter ständigem Rühren bis kurz vor dem Siedepunkt erhitzen. Die Gelatine ausdrücken und darin unter Rühren auflösen. Den Quark in eine Schüssel geben, die leicht abgekühlte Creme darübergießen und sofort kräftig mit dem Schneebesen zu einer glatten Creme durchrühren. Die Sahne steif schlagen und schnell unter die noch fast lauwarme Quarkcreme rühren. Einen Boden in eine Springform legen oder mit einem Tortenring umstellen und die Creme einfüllen. Im Kühlschrank vollständig erstarren lassen.

3. Für den Guß den Saft mit dem Puderzucker zu einer dünnflüssigen Glasur rühren und damit den zweiten Boden bestreichen. Trocknen lassen und in 12 Stücke teilen. Die Torte aus der Form oder dem Ring lösen, den vorgeschnittenen Boden als Oberfläche daraufschieben. Garnieren.

Erdbeer-Rhabarber-Torte

VOLLREIFE, SÜSSE ERDBEEREN UND DER SÄUERLICHE RHABARBER – EINE GUTE GESCHMACKSKOMBINATION.

Die fruchtige Mischung kommt besonders gut bei einer Sahnetorte wie dieser zur Geltung, und die Böden aus luftigem Brandteig machen die Torte noch lockerer. Sie darf nicht lange stehen, sonst werden die Böden weich und der angenehme Kontrast von Teig und Füllung geht verloren.

Für den Brandteig:
1/4 l Wasser, 125 g Butter
1 Messerspitze Salz, 1 Messerspitze Zucker
200 g Mehl, 5 bis 6 Eier
Für die Rhabarber-Erdbeer-Füllung:
500 g Rhabarber, 500 g Erdbeeren
6 Blatt rote Gelatine
2 TL Speisestärke, 200 g Erdbeerkonfitüre
1 TL abgeriebene Orangenschale

Für den Kaffeetisch im Frühling ist diese Torte mit den Früchten der Saison das ideale Angebot. Aber reif sollen diese sein, der Rhabarber und vor allem die Erdbeeren, damit sie wirklich süß sind.

Für die Brandteigböden die Masse mit einem Spritzbeutel in die vorgezeichneten Kreise spritzen. Dabei von der Mitte aus beginnen und spiralförmig – im Abstand von 1 cm, da der Teig stark aufgeht – nach außen führen, bis der aufgezeichnete Kreis ausgefüllt ist.

Für die Sahnefüllung:
4 Blatt weiße Gelatine, 3/4 l Sahne
50 g Zucker, 4 cl Rum
Zum Garnieren:
30 g gehobelte, geröstete Mandeln
4 grüne Marzipanblättchen, 2 Erdbeeren
4 Rhababerstücke, Puderzucker
Außerdem:
2 Backbleche, Backpapier zum Auslegen

1. Den Brandteig zubereiten, wie in der Bildfolge auf Seite 7 beschrieben.

2. Die Backbleche mit Backpapier auslegen und mit einem Bleistift 3 Kreise von je 24 cm Durchmesser aufzeichnen. Den Brandteig in einen Spritzbeutel mit Sterntülle Nr. 6 füllen und Kreise

aufspritzen, wie links gezeigt. Die Böden bei 220 °C im vorgeheizten Ofen in etwa 20 Minuten hellbraun backen. Aus dem Ofen nehmen, vom Papier lösen, auf Kuchengittern auskühlen lassen.

3. Für die Rhabarber-Erdbeer-Füllung den Rhabarber waschen, abziehen und in kleine Stücke schneiden. Die Erdbeeren putzen, waschen und halbieren. Die Gelatine in kaltem Wasser einweichen. Die Speisestärke mit wenig kaltem Wasser anrühren. In einer Kasserolle die Konfitüre aufkochen, die Rhabarberstücke zugeben und weich kochen. Die Erdbeeren unterrühren und die angerührte Speisestärke zugeben. Kurz aufkochen, die gut ausgedrückte Gelatine und die abgeriebene Orangenschale einrühren, vom Herd ziehen und erkalten lassen.

4. Für die Sahnefüllung die Gelatine kalt einweichen, ausdrücken und heiß auflösen. Inzwischen die Sahne steif schlagen, dabei den Zucker einrieseln lassen, die etwas abgekühlte Gelatine und den Rum zugeben. 4/5 der Sahnemischung in einen Spritzbeutel mit großer Lochtülle füllen.

5. Um die Torte zusammenzusetzen, auf 2 Böden je 3 dicke Sahneringe spritzen und die Zwischenräume mit der Fruchtmischung ausfüllen. Diese Böden übereinandersetzen und den dritten Boden darauflegen. Den Rand der Torte mit Sahne einstreichen und mit den Mandelblättchen bestreuen. Die restliche Sahne in einen Spritzbeutel mit Sterntülle füllen und einen Wellenrand aufspritzen. Die Mitte der Torte ansprechend dekorieren. Mit Puderzucker besieben.

Zum Tränken des Biskuits den Zucker mit dem Wasser aufkochen, bis der Zucker geklärt ist, erkalten lassen und mit dem braunen Rum vermischen. Den zweiten, dritten und vierten Biskuitboden damit tränken.

Schokoladencremetorte

DIE SÄUERLICHE KONFITÜRE IM KONTRAST ZUR SCHOKOLADENCREME GIBT DER TORTE IHREN BESONDEREN GESCHMACK.

Ein feiner Schokoladenbiskuit, zubereitet wie das Grundrezept der »Wiener Masse« von Seite 8, ist die Basis für diese Torte.

Für die Biskuitmasse:
5 Eier, 150 g Zucker, 1 Messerspitze Salz, 130 g Mehl
30 g Speisestärke, 80 g dunkles Kakaopulver
80 g zerlassene, warme Butter
Für die Schokoladencreme:
1/4 l Milch, 110 g Zucker
90 g bittere Schokolade oder Kuvertüre
20 g Speisestärke, 250 g Butter
Zum Tränken des Biskuits:
40 g Zucker, 4 EL Wasser, 4 cl brauner Rum
Außerdem:
1 Springform von 26 cm Durchmesser
120 g Johannisbeerkonfitüre
1 Tafel bittere Schokolade oder 1 Stück Kuvertüre
Puderzucker zum Bestauben, frische Johannisbeeren

1. Die Biskuitmasse wie im Grundrezept zubereiten. Dabei das Kakaopulver der Mischung aus Mehl und Speisestärke zusetzen, sieben und unter die Eiermasse heben. Nur den Boden der Springform leicht fetten und mit etwas Mehl ausstreuen. Die Masse einfüllen und backen. Über Nacht ruhen lassen. Aus der Form nehmen und dreimal durchschneiden, so daß 4 Böden entstehen.

2. Für die Creme die Milch mit dem Zucker aufkochen. Die Schokolade klein schneiden, zugeben und unter Rühren schmelzen. Die Speisestärke mit 1 bis 2 EL Milch verrühren, in die kochende Schokoladenmilch einrühren und aufkochen, bis eine dicke Creme entsteht. Erkalten lassen, dabei immer wieder durchrühren, damit sich keine Haut bildet. Die Butter schaumig rühren und die kalte Schokoladencreme nach und nach unterrühren.

3. Den untersten Boden mit der Konfitüre bestreichen, darauf eine Schicht Creme streichen. Die anderen getränkten Böden (siehe links) mit Creme bestreichen und die Torte zusammensetzen. Mit der restlichen Creme ringsum einstreichen.

4. Mit einem Messer die Schokolade langsam abschaben und die Späne auf die Torte fallen lassen. Auf der Oberfläche und dem Rand verteilen. Mit Puderzucker bestauben und garnieren.

Fachwerkhäuser prägen das Landschaftsbild im Schwarzwald.

Schwarzwälder Kirschtorte

DIESE KLASSISCHE SAHNETORTE AUS SCHOKOLADEN-BISKUIT HAT INTERNATIONALE BERÜHMTHEIT ERLANGT.

»Blackforest«, das steht inzwischen weltweit für gute Torten, obwohl die Cakes in fernen Kontinenten nicht mehr viel mit der guten, alten »Schwarzwälder« zu tun haben.

Den ersten Tortenboden dünn mit Sahne bestreichen, darauf mit einem Spritzbeutel (Lochtülle Nr. 10) 4 Sahneringe anbringen.

In die Zwischenräume die erkalteten, angedickten Kirschen dicht aneinander einlegen, eine Schicht Sahne gleichmäßig darüber verstreichen.

Den zweiten Boden fest auflegen. Mit Kirschwasser-Läuterzucker-Gemisch tränken, eine Sahneschicht und darauf den dritten Boden geben, tränken.

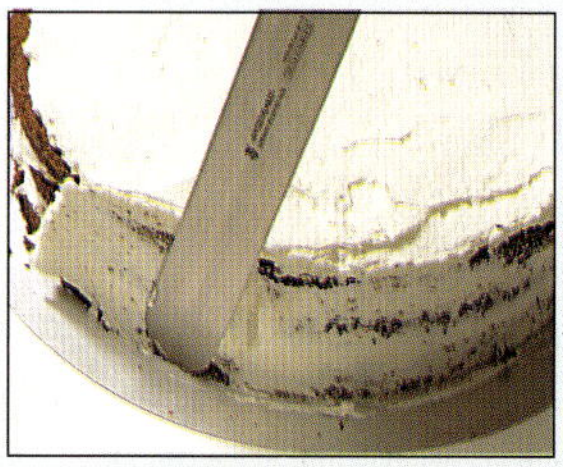

Die Torte oben und an den Rändern gleichmäßig dick mit Sahne einstreichen. Darauf achten, daß der braune Teig vollständig verdeckt ist.

Die Mitte der Torte mit Schokoladenspänen oder -röllchen ausfüllen. Sahnerosetten aufspritzen, mit Kirschen garnieren und mit Puderzucker bestauben.

Für die Schwarzwälder Kirschtorte muß der Boden einen Tag vorher gebacken werden, damit er sich leichter schneiden läßt.

Für den Biskuit:
7 Eier, 250 g Zucker, 60 g Butter, 150 g Mehl
50 g Speisestärke (Weizenpuder)
50 g Kakaopulver
Für die Füllung:
1 Glas Sauerkirschen mit Saft (450 g Fruchteinwaage)
40 g Zucker, 1/2 Zimtstange
2 gehäufte TL Speisestärke
3/4 l Sahne, 60 g Zucker
Zum Tränken und Dekorieren:
6 cl Kirschwasser, 4 cl Läuterzucker
150 g Halbbitter-Schokolade, Puderzucker
Außerdem:
1 Springform von 26 cm Durchmesser
Backpapier zum Auslegen

Die Eier mit dem Zucker im Wasserbad schlagen, bis sie lauwarm sind. Herausheben und die Masse etwa 8 Minuten kalt schlagen, bis sie cremig geworden ist. In der Zwischenzeit die Butter erwärmen. Das Mehl, die Speisestärke und das

Kakaopulver sieben und unter die Eiermasse heben. Zum Schluß die flüssige, warme Butter langsam unterziehen. Die Masse in die mit Backpapier ausgelegte Form füllen und die Oberfläche glattstreichen. In den auf 190 °C vorgeheizten Ofen schieben und 30 bis 35 Minuten backen. Über Nacht auskühlen lassen. Für die Füllung die Sauerkirschen abseihen. 1/4 l des aufgefangenen Saftes mit Zucker und Zimt aufkochen, die Zimtstange herausnehmen. Die Speisestärke mit etwas kaltem Wasser anrühren und die Flüssigkeit damit binden. Einige Male kräftig aufkochen lassen. 16 Kirschen für die Garnitur zurückbehalten, die restlichen Kirschen zu dem aufgekochten Saft geben, vorsichtig umrühren, damit sie nicht zerdrückt werden. Erneut aufwallen lassen, vom Herd nehmen und auskühlen lassen. Den Biskuitboden zweimal durchschneiden. Die Sahne mit dem Zucker steif schlagen. Die Torte zubereiten, wie in der Bildfolge links beschrieben. Für die Schokoladenspäne von dem Schokoladenblock mit einem scharfen Messer feine Stücke abschaben, dabei das Messer nicht zu schräg halten, damit nicht ganze Schokoladenstücke herausbrechen. Für die Röllchen die Schokolade im Wasserbad schmelzen und mit einer Palette oder einem Messer hauchdünn auf eine glatte Arbeitsplatte – am besten Marmor – streichen und »fast« fest werden lassen; sie darf auf keinen Fall hart sein. Einen Spachtel im flachen Winkel ansetzen, auf die Unterlage drücken und jeweils 2 bis 3 cm vorschieben. Die Röllchen kühlen, bevor die Torte damit eingestreut wird.

Das richtige »Wässerli« ist für den Geschmack einer »echten Schwarzwälder« besonders wichtig. In Baden vertraut man ganz auf die heimische Qualität, und da gibt nicht der Name auf der Flasche den Ausschlag. Es kann auch ein »Selbstgebrannter« sein, da weiß man, was man hat!

Königskuchen

EIN RÜHRKUCHEN MIT FRÜCHTEN, DER JE NACH IHRER MENGE AUCH ALS »ENGLISCHER FRÜCHTE-KUCHEN« BEKANNT IST.

Oft heißt er aber auch bei uns schlicht und einfach »English Cake«. Auf den Britischen Inseln allerdings wird er »Fruit Cake« genannt. Das folgende Rezept hat einen vergleichsweise geringen Fruchtanteil, dafür ist der Kuchen aber durch den Eischnee sehr leicht und luftig.

Für den Rührteig:
100 g Rosinen
40 g Orangeat, gewürfelt
40 g Zitronat, gewürfelt
2 cl feiner Rum
200 g Mehl
110 g Butter
200 g Zucker
Abgeriebenes von 1 unbehandelten Zitrone
6 Eigelbe, 6 Eiweiße
Außerdem:
1 Kastenform von 30 cm Länge
Backpapier für die Form
Puderzucker zum Bestauben

Die Rosinen, Orangeat- und Zitronatwürfel mit dem Rum übergießen, abdecken und 1 Stunde ziehen lassen. Die Form mit Backpapier auskleiden. Weiterverfahren, wie in der Bildfolge gezeigt. Den Kuchen in dem auf 180 °C vorgeheizten Ofen in 50 bis 60 Minuten backen. 10 Minuten in der Form abkühlen lassen, stürzen, das Papier abziehen und den ausgekühlten Kuchen mit Puderzucker bestauben.

Damit die Früchte während des Backens nicht auf den Boden sinken, werden sie mit dem Mehl vermengt. So verbinden sie sich besser mit dem Teig.

Die Butter mit 1/3 des Zuckers schaumig rühren. Die abgeriebene Zitronenschale zugeben. Die Eigelbe nach und nach unterrühren.

Die Eiweiße mit dem restlichen Zucker zu steifem Schnee schlagen. 1/3 davon mit einem Holzspatel unter die Buttermasse heben.

Den restlichen Eischnee und die Mehl-Früchte-Mischung unterziehen. Dabei darauf achten, daß die Masse nicht zuviel an Volumen verliert.

Den Rührteig in die mit Backpapier ausgekleidete Kastenform füllen und die Oberfläche mit einem Teigschaber glattstreichen.

Der traditionelle Stollen ist ein fester Bestandteil der weihnachtlichen Festtafel.

Christstollen

DAS EINST TYPISCH DEUTSCHE WEIHNACHTS-GEBÄCK AUS DRESDEN HAT ES INZWISCHEN ZU INTERNATIONALER BERÜHMTHEIT GEBRACHT.

Rosinen sind zwar nicht jedermanns Sache, doch sie gehören nun mal in den »Original Dresdner«. Der Stollen mit Pistazien ist eine feine Alternative.

Für den Teig:
1 kg Mehl, 100 g Hefe
400 ml lauwarme Milch, 2 Eier, 100 g Zucker
1 TL Salz, ausgeschabtes Mark von 1 Vanilleschote
Abgeriebenes von 1 Zitrone, 400 g Butter, 200 g Mehl
350 g Rosinen, 100 g geschälte, gehackte Mandeln
50 g gehacktes Orangeat
100 g gehacktes Zitronat, 2 cl Rum
Außerdem:
1 Backblech, Backpapier zum Auslegen
150 g Butter zum Bestreichen
200 g Zucker
ausgeschabtes Mark von 1 Vanilleschote

Das Mehl in eine Schüssel sieben und in die Mitte eine Mulde drücken. Die Hefe hineinbröckeln, mit der lauwarmen Milch auflösen und dabei mit etwas Mehl vom Rand vermischen. Den Ansatz mit Mehl bestauben. Mit einem Tuch abdecken und den Vorteig an einem warmen, zugfreien Ort gehen lassen, bis die Oberfläche deutliche Risse zeigt. Inzwischen die Eier mit dem Zucker, dem Salz und den Gewürzen verrühren und zum Vorteig geben. Alles zu einem glatten, festen Teig schlagen. Nochmals zugedeckt etwa 10 Minuten gehen lassen. Inzwischen die Butter mit dem Mehl verkneten, bis ein weicher Teig entsteht. Unter den Vorteig kneten und diesen erneut 15 Minuten gehen lassen. Die Rosinen, die Mandeln, das Orangeat und das Zitronat mischen, mit dem Rum übergießen und etwas durchziehen lassen. Die Fruchtmischung schnell unter den Hefeteig kneten, den Teig wiederum 10 bis 15 Minuten gehen lassen. Aus dem Teig 2 Kugeln formen und, wie gezeigt, jeweils zu einem Stollen formen. Das Backblech mit Backpapier auslegen, fetten und die Stollen darauflegen. Zugedeckt erneut 20 bis 30 Minuten gehen lassen, bis sie

Pistazien werden meist nur als Dekoration verstanden. Dieser Stollen ist aber ein gutes Beispiel dafür, daß sie nicht nur schön grün sind, sondern auch ganz hervorragend schmecken. Aber frisch müssen sie sein, möglichst erst kurz vorher aus den Schalen geholt.

Die Teigkugeln zu 30 cm langen Stangen rollen. Diese mit dem Teigroller in der Mitte dünner rollen, so daß an den Längsseiten dickere Wülste entstehen.

An den kurzen Seiten den Teig mit beiden Händen etwas einschlagen, und den Stollen längsseits zur bekannten Stollenform zusammenklappen.

Die noch warmen Stollen mit der zerlassenen Butter an allen Seiten bestreichen und mit dem Vanillezucker einstreuen. So wird das Austrocknen verhindert.

deutlich an Volumen zugenommen haben. Bei 200 °C im vorgeheizten Ofen etwa 60 Minuten backen, Stäbchenprobe machen. Die Butter zerlassen. Den Zucker mit dem Vanillemark vermischen und weiterverfahren, wie gezeigt.

PISTAZIENSTOLLEN

Für den Teig:
1 kg Mehl, 80 g Hefe
3/8 l Milch, 2 Eier, 130 g Zucker
1/2 TL Salz, ausgeschabtes Mark von 1 Vanilleschote
Abgeriebenes von 1/2 Zitrone, 300 g Butter
200 g Mehl, 200 g feingehacktes Orangeat
120 g feingehacktes Zitronat, 200 g Marzipanrohmasse
200 g feingehackte Pistazien, 100 g Puderzucker
1 EL Maraschino (Fruchtsaftlikör)
Außerdem:
1 Backblech, Backpapier zum Auslegen
200 g Butter zum Bestreichen, 200 g Zucker
ausgeschabtes Mark von 1 Vanilleschote

Einen glatten, festen Hefeteig zubereiten, wie beim Christstollen beschrieben, mit einem Tuch bedecken und etwa 10 Minuten gehen lassen. In der Zwischenzeit die Butter mit dem Mehl und dem feingehackten Orangeat und Zitronat verkneten. Die Mischung unter den Hefeteig arbeiten und diesen nochmals 15 Minuten gehen lassen. Die Marzipanrohmasse mit den gehackten Pistazien, dem Puderzucker und dem Maraschino verkneten. Dieses Pistazienmarzipan etwa 1 cm stark ausrollen und anschließend in Würfel von 1 cm Kantenlänge schneiden. Schnell unter den Hefeteig kneten, sie sollen als kleine Inseln im Stollen sichtbar bleiben. Aus dem Teig 2 Stollen formen und auf ein mit gefettetem Backpapier ausgelegtes Backblech legen. Mit einem Tuch bedecken und nochmals 20 bis 25 Minuten gehen lassen. Bei 210 °C im vorgeheizten Ofen 50 bis 60 Minuten backen. Die Butter zerlassen, die noch warmen Stollen damit von allen Seiten bestreichen und mit dem Vanillezucker einstreuen.

Margaretenkuchen

EIN RÜHRKUCHEN MIT TRADITION, FÜR DEN EINE EIGENE KUCHENFORM ENTWICKELT WURDE.

Sie hat die Form einer Blume, einer Margerite. Das bedeutet aber nicht, daß der Kuchen nur darin gebacken werden darf. Natürlich schmeckt er aus einer simplen Springform genausogut – aber er sieht dann eben nicht so schön aus! Dieser schwere, fettreiche Biskuit hat seine Tücken, wenn er gleichmäßig aufgehen soll, denn durch das Fett fällt der Eischnee schnell in sich zusammen, falls er länger als nötig bearbeitet wird. Deshalb vorsichtig und schnell unterheben.

Für den Teig:
250 g Butter, 100 g Marzipanrohmasse
140 g Zucker
ausgeschabtes Mark von 1/2 Vanilleschote
6 Eigelbe, 6 Eiweiße
80 g Speisestärke (Weizenpuder)
120 g Mehl
Für die Glasur:
100 g Aprikosenkonfitüre
2 bis 3 EL Wasser
60 g Fondant, 2 cl brauner Rum
Außerdem:
1 Margaretenkuchenform oder
1 Springform von 26 cm Durchmesser
Butter und Brösel für die Form

Für den Teig auf einer Arbeitsplatte die Butter mit der Marzipanrohmasse und 1/3 des Zuckers mit einem Holzspatel oder einem stabilen Messer zu einer weichen Masse verarbeiten. Diese in einen Kessel oder eine weite Metallschüssel umfüllen. Weiterverfahren, wie in der Bildfolge gezeigt. Die Eiweiße steif schlagen, dabei den restlichen Zucker einrieseln lassen. 1/3 des Eischnees unter die Butter-Eigelb-Masse ziehen. Erst wenn dieser völlig untergearbeitet ist, den restlichen Eischnee und das mit Speisestärke vermischte und gesiebte Mehl unterheben. Die Masse in die Form füllen, wie unten gezeigt. Bei 190 °C im vorgeheizten Ofen 50 bis 60 Minuten backen. Für die Glasur die Aprikosenkonfitüre mit dem Wasser etwa 5 Minuten einkochen und damit den Kuchen dünn bepinseln. Den Fondant lauwarm auflösen, mit dem Rum parfümieren und mit einem Pinsel dünn auf den Kuchen auftragen.

Das Vanillemark zu der Butter-Marzipan-Zucker-Masse in den Kessel geben und alles schaumig rühren. Nach und nach die Eigelbe zugeben.

Etwa 1/3 des schnittfesten Eischnees vorsichtig unter die Butter-Eigelb-Masse heben. Darauf achten, daß der Schnee dabei nicht an Volumen verliert.

Die Kuchenform – bei der Margaretenform vor allem die Rippen – fetten, etwas anziehen lassen und mit Bröseln ausstreuen. Die Masse einfüllen.

Die empfindliche Masse mit einem Gummispatel oder einem Teigschaber von der Mitte aus zum Rand hochstreichen. Die Oberfläche soll glatt sein.

Reichhaltig dekoriert präsentiert sich dieses Früchtebrot, das ohne Teighülle gebacken wurde.

Früchtebrot

IN GRAUBÜNDEN HEISST ES »PETTA CUN PERA«, ABER ÄHNLICHE BROTE WERDEN IM GESAMTEN ALPENGEBIET UM DIE WEIHNACHTSZEIT GEBACKEN.

Da gibt es ganz schlichte Rezepte mit ausschließlich getrockneten Birnen – bei den feineren sind schon heimische Nüsse darunter –, die im gesamten schwäbisch-alemannischen Raum verbreitet sind und »Schnitzbrot«, »Bierewecke« oder »Hutzelbrot« (Hutzeln sind die getrockneten Birnen) genannt werden. Aus diesen einfachen Broten haben sich mit der Zeit Gebäcke mit einer geradezu verschwenderischen Vielfalt von getrockneten und kandierten Früchten ergeben. Aber Basis dieser Rezepte sind die eingeweichten Trockenfrüchte geblieben, und zusammengehalten werden sie mit einem einfachen Brotteig, der einen unterschiedlich hohen Roggenmehlanteil haben kann. Wer einen freundlichen Bäcker in seiner Nähe kennt, kann den Teig fertig kaufen. Oft wird das Früchtebrot zusätzlich in dünn ausgewellten Hefeteig eingewickelt.

Mit einem dünnen Mantel aus Hefeteig wurde dieses Früchtebrot gebacken. Solange es nicht angeschnitten wird, bleibt ein solch eingewickeltes Brot länger saftig. Aber ob mit oder ohne Teigmantel: Für eine längere Lagerung sollten die Früchtebrote in Alufolie gewickelt werden.

Für die Früchtemischung:
200 g getrocknete Zwetschgen, entsteint
300 g getrocknete Birnen
200 g getrocknete Feigen
1 l Wasser
je 100 g Haselnüsse und Walnüsse
je 100 g Rosinen und Korinthen
je 50 g gewürfeltes Zitronat und Orangeat
125 g Zucker
1/2 TL gemahlener Zimt
1 Messerspitze Nelkenpfeffer
1 Prise Salz
2 EL Rum
2 EL Zitronensaft

Für den Hefeteig:
150 g Mehl
150 g Roggenmehl
1/8 l Wasser, 20 g Hefe
1/2 TL Salz, 1 TL Zucker
Zum Garnieren:
50 g geschälte, halbierte Mandeln
60 g kandierte Früchte
Außerdem:
1 Backblech, Butter für das Blech

1. Die Zwetschgen, die Birnen und die Feigen in eine Schüssel geben, mit dem Wasser bedecken und über Nacht einweichen.

2. Die Früchte in einem Sieb ablaufen lassen und in Stücke schneiden. Die Nüsse grob zerkleinern. Zusammen mit den Früchten, dem Zucker, dem Zimt, dem Nelkenpfeffer und dem Salz in eine Schüssel geben. Mit dem Rum und dem Zitronensaft beträufeln. 20 Minuten ziehen lassen.

3. In der Zwischenzeit den Hefeteig zubereiten, wie auf Seite 10 beschrieben. Dafür beide Mehlsorten zusammen in eine Schüssel sieben. Den Teig bis zum doppelten Volumen aufgehen lassen. Die Früchtemischung zugeben und gut unterkneten. Wenn nötig, noch etwas Mehl zugeben, damit der Teig nicht klebt.

4. Aus dem Teig 2 Laibe oder längliche Brote formen und möglichst glattstreichen, am besten geht das mit nassen Händen. Die Brote mit den Mandeln und den kandierten Früchten garnieren. Auf das gefettetes Backblech legen, nochmals etwas gehen lassen und bei 180 °C im vorgeheizten Ofen etwa 1 Stunde backen.

5. Sollen die beiden Brote in Teig eingeschlagen werden, so müssen die Zutaten für den Hefeteig verdoppelt werden. Den Teig auf der bemehlten Arbeitsplatte gleichmäßig dünn – 3 bis 4 mm – ausrollen, das Brot damit einschlagen und den Teig auf der Unterseite zusammendrücken.

St. Galler Klostertorte

EINEM IRISCHEN MÖNCH, DER DAS KLOSTER DER STADT GRÜNDETE, VERDANKT ST. GALLEN SEINEN NAMEN.

Diese Klostertorte hat nicht nur äußerlich eine gewisse Ähnlichkeit mit der Linzer Torte. Sie ist auch geschmacklich mit ihr verwandt, wenngleich sie einen wesentlich geringeren Mandelanteil hat als die schwere Linzer Torte. Außerdem geben die St. Galler manchmal noch etwas Kakaopulver in den Teig. Aber in der Frage der richtigen Konfitüre für die Füllung sind sich die St. Galler ebensowenig einig wie die Linzer – sie schwanken zwischen Johannisbeere und Himbeere. Das folgende Rezept wird mit Himbeerkonfitüre zubereitet, und die Torte schmeckt ausgesprochen gut.

Die mürbe Torte gibt es in zwei Teigvarianten. Der dunklere Teig erhält seine Farbe durch etwas Kakaopulver.

In den Klöstern wußte man schon seit jeher, was gut schmeckt. Die St. Galler Klostertorte ist ein Beweis, daß die Mönche und Nonnen im Kochen und Backen recht kreativ waren.

Für den Teig:
300 g Mehl, 1 TL Backpulver
20 g Kakaopulver
1 Ei, 4 EL Milch
1 TL Zimt, gemahlen
Abgeriebenes von 1/2 unbehandelten Zitrone
150 g Butter, 150 g Zucker
150 g geschälte, geriebene Mandeln
Für die Füllung:
250 g Himbeerkonfitüre
Saft von 1/2 Zitrone
Außerdem:
1 Springform von 26 cm Durchmesser
Butter zum Ausfetten der Form
1 verquirltes Eigelb zum Bestreichen
20 g Puderzucker zum Bestauben

1. Auf eine Arbeitsfläche das Mehl mit dem Backpulver sieben. In die Mitte eine Mulde drücken und das Kakaopulver, das Ei, die Milch, den Zimt und die Zitronenschale hineingeben. Die Butter in grobe Stücke schneiden und mit dem Zucker und den Mandeln darüber verteilen. Mit einem Messer oder einer Palette alle Zutaten grob vermengen und anschließend zu feinen Krümeln hacken. Erst jetzt mit den Händen die Krümel von außen nach innen schnell zu einem glatten Teig zusammenkneten. Den Teig zu einer Kugel formen, in Folie wickeln und mindestens 1 Stunde im Kühlschrank ruhen lassen.

2. Auf einer bemehlten Arbeitsfläche 2/3 des Teiges ausrollen, mit einem Messer einen Kreis von reichlich 26 cm Durchmesser ausschneiden, in die gefettete Springform legen und dabei einen 1 cm hohen und 1 1/2 cm dicken Rand formen.

3. Für die Füllung die Konfitüre mit dem Zitronensaft vermischen und gleichmäßig auf dem Teigboden verstreichen. Auf einer bemehlten Arbeitsfläche den restlichen Teig ausrollen, mit einem Teigrädchen in 1 1/2 cm breite Streifen schneiden und als Gitter auf die Füllung legen, die Ränder leicht andrücken. Das Gitter und den Rand mit dem Eigelb bestreichen. Bei 200 °C im vorgeheizten Ofen 45 Minuten backen. Herausnehmen, einige Minuten in der Form stehen lassen, auf ein Kuchengitter geben und auskühlen lassen. Mit Puderzucker bestauben.

Erdbeer-Vacherin

IN EINE HÜLLE AUS LUFTIGEM BAISER WIRD SCHLAGSAHNE MIT FRÜCHTEN GEFÜLLT.

Der Vacherin hat zwar keine einheitliche Form, aber meist werden Ringe auf einen Baiserboden gesetzt, die sozusagen als Behälter für die Schlagsahne mit Früchten dienen. Die feinste Füllung ist sicher die mit Walderdbeeren, aber der Vacherin schmeckt auch mit Himbeeren, Heidelbeeren oder Brombeeren sehr fein. Nur richtig reif sollten die Früchte sein, damit sie die nötige Süße mitbringen. Eine höchst delikate Version ist der mit Kastanien gefüllte »vacherin aux marrons«, der vor allem in Frankreich sehr beliebt ist.

Für 2 Vacherins von 18 bis 20 cm Durchmesser
Für die Baisermasse:
8 Eiweiße
250 g Zucker
200 g Puderzucker
30 g Speisestärke
Für die Füllung:
400 g reife Erdbeeren
30 g Puderzucker, 2 cl brauner Rum
3/4 l Sahne, 35 g Zucker
ausgeschabtes Mark von 1/2 Vanilleschote
Außerdem:
2 bis 3 Backbleche
Backpapier zum Auslegen
Kakaopulver zum Besieben

Für die Baisermasse die Eiweiße in einer völlig fettfreien Schüssel zu Schnee schlagen, dabei den Zucker einrieseln lassen und weiterschlagen, bis ein absolut schnittfester Eischnee entstanden ist. Den Puderzucker mit der Speisestärke darübersieben und mit einem Holzspatel unterheben, bis keine Klümpchen mehr sichtbar sind. Die Backbleche mit Backpapier auslegen und mit einem Bleistift die gewünschte Ringgröße vorzeichnen. Die Baisermasse in einen Spritzbeutel mit Lochtülle Nr. 11 füllen und 2 Böden aus eng aneinander liegenden Kreisen sowie 4 große Ringe – je 2 für einen Vacherin – auf die Bleche spritzen.

Mit Sterntülle Nr. 8 zwei passende Gitter als Deckel spritzen. Die Backbleche mit genügend Abstand in den auf 50 °C vorgeheizten Ofen schieben und einen Kochlöffel in die leicht offene Ofentür stecken, damit die Feuchtigkeit vollständig entweichen kann. Die Baiserstücke über Nacht im warmen Ofen lassen, damit sie vollständig durchtrocknen. Vorsichtig vom Papier lösen. Die Erdbeeren putzen, waschen und trocknen. Die Früchte je nach Größe halbieren oder vierteln. In eine Schüssel geben, mit Puderzucker besieben, mit dem Rum beträufeln und 30 Minuten durchziehen lassen. Die Sahne mit dem Zucker und dem Vanillemark steif schlagen. 1/4 davon in einen Spritzbeutel mit Lochtülle Nr. 5 bis 6 füllen und damit, wie gezeigt, die Baiserringe auf den Böden befestigen. Die restliche Sahne mit den vorbereiteten Erdbeeren mischen und die Vacherins damit füllen, wie unten gezeigt.

Pro Exemplar werden 1 Boden und 2 Ringe benötigt – jeweils mit einem Spritzbeutel mit Lochtülle Nr. 11 gespritzt – sowie 1 Gitter – mit Sterntülle Nr. 8 gespritzt – als Abschluß.

Die Ringe auf den Boden setzen und etwas Schlagsahne dazwischenspritzen. Es geht aber auch mit Baisermasse, die anschließend nochmals im Ofen getrocknet wird.

Die mit den Früchten vermischte Sahne einfüllen. Die Oberfläche glattstreichen und das Baisergitter aufsetzen. Mit Kakaopulver besieben und beliebig garnieren.

Zuger Kirschtorte

»NICHTS FÜR KINDER« IST DIESE SCHWEIZER SPEZIALITÄT MIT IHREM HOCHPROZENTIGEN AROMA.

Die Zuger halten ihren Kirsch für den besten der Welt, aber das sollte niemand daran hindern, die »Zuger Kirschtorte« mit einem anderen guten Kirschwasser zu machen. Diese Kombination aus luftigem, feuchtem Biskuit mit den knusprigen Japonaisböden und dem Kirscharoma ist tatsächlich eine Delikatesse. Die Zuger aber mögen es verzeihen: Die Torte schmeckt auch mit Aprikosen- oder Himbeergeist vorzüglich.

Für den Biskuitboden (24 cm Durchmesser):
4 Eier, 2 Eigelbe, 125 g Zucker
90 g Mehl, 40 g Speisestärke, 70 g flüssige Butter
Für die Buttercreme:
150 g Butter, 2 Eier, 1 Eigelb
100 g Zucker, 2 cl Kirschwasser
Für die Japonaisböden:
4 Eiweiße, 150 g Zucker
100 g geröstete, geriebene Mandeln
2 EL Speisestärke, 50 g Puderzucker
Für den Sirup zum Tränken:
10 cl Läuterzucker, 10 cl Kirschwasser
Außerdem:
Puderzucker zum Bestauben
Mandelblättchen zum Bestreuen

Den Biskuit wie die Wiener Masse auf Seite 8 zubereiten, backen und den Boden über Nacht ruhen lassen. Die obere Kruste abschneiden. Für die Buttercreme die Butter in einer Schüssel schaumig rühren. Die Eier, das Eigelb und den Zucker in einer Kasserolle auf dem Wasserbad warm aufschlagen. Aus dem Wasserbad herausnehmen, in Eiswasser setzen und weiterschlagen, bis die Masse wieder kalt ist. Unter ständigem Rühren portionsweise unter die Butter rühren. Das Kirschwasser einrühren. Für die Japonaisbö-

Den Biskuitboden mit dem Sirup gleichmäßig tränken. Dadurch, daß die Kruste abgeschnitten wurde, kann er gut eindringen. Eine dünne Schicht Buttercreme mit einer Winkelpalette gleichmäßig auf den gut durchgetränkten Biskuitboden streichen. Den zweiten Japonaisboden auflegen. Die Torte oben und am Rand mit der restlichen Creme einstreichen. Den Rand mit Mandelblättchen bestreuen.

den die Eiweiße in einer fettfreien Schüssel weißschaumig schlagen. Etwas Zucker zusetzen und steif schlagen. Nach und nach den restlichen Zucker darunterschlagen, bis er völlig aufgelöst ist. Der Eischnee muß schnittfest sein. Die Mandeln mit der Speisestärke und dem Puderzucker vermischen und gut untermelieren, die Masse dabei aber nicht zu lange bearbeiten. Auf Backpapier 2 Kreise von 24 cm Durchmesser zeichnen und die Masse mit der Winkelpalette aufstreichen. Bei 160 °C im vorgeheizten Ofen in etwa 30 Minuten hellbraun backen, dabei die Ofentür einen Spalt offen lassen, damit der Dampf entweichen kann. Noch warm mit einem scharfen, spitzen Messer auf die exakte Größe beschneiden. Zum Tränken den Läuterzucker mit dem Kirschwasser mischen. Einen Japonaisboden mit der Kirschbuttercreme bestreichen. Den Biskuitboden von einer Seite kräftig mit dem Sirup tränken und mit dieser Seite nach unten auf den Japonaisboden legen. Die andere Seite tränken und weiterverfahren, wie in der Bildfolge beschrieben. Die zusammengesetzte Torte kühlen. Die Oberfläche mit Puderzucker bestauben, mit einem Messerrücken das traditionelle Rautenmuster eindrücken und nach Belieben jedes Stück mit kandierten Kirschen garnieren.

Rüeblitorte

DIE MÖHRE GEHÖRT ZU DEN WENIGEN GEMÜSEARTEN, DIE SICH AUCH ZUM SÜSSEN BACKEN EIGNET.

Als schlichte »Möhrentorte« wäre diese Torte über die Schweizer Landesgrenze hinaus sicher nicht halb so populär geworden. Das Schweizer »Rüebli« macht ihren Ruhm und ihr köstliches Aroma aus. Man sagt, sie schmecke erst nach 2 bis 3 Tagen so richtig gut und saftig. Und das stimmt, vor allem, wenn sie vorher mit Aprikosenkonfitüre und einer Kirschwasserglasur »isoliert« wurde.

Für den Teig:
250 g junge Möhren
6 Eigelbe
250 g Zucker
1 Messerspitze Salz
Abgeriebenes von 1 unbehandelten Zitrone
6 Eiweiße
300 g ungeschälte, geriebene Mandeln
100 g Mehl
Für die Glasur:
1/2 Eiweiß
80 g Puderzucker
2 cl Kirschwasser

Die Schweizer Rüeblitorte wird auch gern als Dessert gereicht.

Für die Rüebli:
200 g Marzipanrohmasse, 100 g Puderzucker
rote und gelbe Speisefarbe
Angelika (kandierte Engelwurz)
Außerdem:
1 Springform oder 1 Tortenring (26 cm Durchmesser)
Backpapier zum Auslegen oder Einschlagen
150 g Aprikotur, 60 g gehobelte, geröstete Mandeln

Selbstgemachte Rüebli aus frischem Marzipan sind die beliebteste Dekoration der Rüeblitorte. Dafür die gefärbte Masse mit den Händen zu Möhren formen und mit einem Messerrücken einkerben.

1. Die Möhren putzen und sehr fein reiben, es dürfen keine großen Stücke oder Fäden sein. In einer Schüssel die Eigelbe mit 1/3 des Zuckers, dem Salz und der Zitronenschale schaumig rühren. Die Eiweiße steif schlagen, dabei den restlichen Zucker einrieseln lassen und weiterschlagen, bis ein schnittfester Eischnee entstanden ist.

2. Die geriebenen Mandeln mit dem Mehl und den Möhrenraspeln vermischen. Unter den Eigelbschaum zunächst 1/3 des Eischnees heben und sehr gut vermischen. Dann den übrigen Eischnee daraufgleiten lassen und die Mandelmischung darüberstreuen. Alles mit einem Holzlöffel ganz vorsichtig melieren.

3. Den Boden der Springform mit Backpapier auslegen oder den Tortenring mit Papier einschlagen und auf das Blech setzen. Die Masse einfüllen, glattstreichen und bei 190 °C im vorgeheizten Ofen etwa 60 Minuten backen. Herausnehmen und den Kuchen über Nacht in der Form auskühlen lassen. Auf ein Backpapier stürzen, damit die glatte Unterseite nach oben kommt.

4. Die Oberfläche und den Rand des Kuchens mit der heißen Aprikotur gleichmäßig einstreichen. Für die Glasur das Eiweiß mit dem Puderzucker und dem Kirschwasser dickflüssig verrühren. Wenn nötig, noch etwas Kirschwasser zugeben. Die Oberfläche des Kuchens mit der Glasur bestreichen und 2 Stunden antrocknen lassen. Den Rand mit den Mandeln bestreuen.

5. Für die Rüebli die Marzipanrohmasse mit dem Puderzucker schnell zu einem glatten Teig zusammenwirken. Mit der Speisefarbe vorsichtig auf den gewünschten Farbgrad einfärben. Die Masse in 16 Stücke teilen und daraus kleine Möhren formen. Kleine Stifte aus Angelika als Stiele einstechen. Die Torte mit den Rüebli garnieren.

Traubenkuchen

DIESE »SCHIACCIATA CON UVA« WIRD IN DER TOSKANA ZUR ZEIT DER WEINLESE GEBACKEN.

Im Herbst, wenn die Weinlese in Mittelitalien voll im Gange ist, kommen die Trauben auf den Tisch. Entweder solo als frische Früchte oder in einem flachen Brot, dem »Schiacciata-Brot«, eingebakken. Der einfache Hefeteig hält sich mit seinem neutralen Geschmack im Hintergrund, damit sich die fruchtige Süße der Trauben voll entfaltet.

Eine Teigplatte auf ein gefettetes Backblech legen und die Hälfte der Trauben gleichmäßig darauf verteilen.

Die andere Teigplatte vorsichtig über die Trauben legen, damit die Früchte eingeschlossen sind.

Die Ränder der beiden Teigplatten mit den Fingern fest zusammendrücken, es soll keine Traube herausschauen.

Die übrigen Trauben darübergeben, die obere Teigplatte öfters mit einem Holzstäbchen anstechen.

Für den Hefeteig:
350 g Mehl, 30 g frische Hefe
1/4 l lauwarmes Wasser
4 cl Olivenöl, 1 Prise Salz
Außerdem:
je 500 g rote und helle Weintrauben, kernlos
140 g körniger Streuzucker, 40 g flüssige Butter

Das Mehl in eine Schüssel sieben und in die Mitte eine Mulde drücken. Die Hefe hineinbröckeln, mit der Hälfte des Wassers auflösen und zugleich mit etwas Mehl vermischen. Mit Mehl bestauben, mit einem Tuch abdecken und den Vorteig an einem warmen, zugfreien Ort gehen lassen, bis die Oberfläche Risse zeigt. Inzwischen die Trauben entstielen, waschen und abtropfen lassen. Mit Zucker bestreuen, mit Butter begießen, vermengen und zur Seite stellen. Den Teig weiterbearbeiten; dafür das Öl, das Salz und das restliche Wasser zum Vorteig geben. Mit einem Rührlöffel zusammen mit dem Mehl unterarbeiten und so lange schlagen, bis der Teig Blasen wirft und sich von der Schüsselwand löst. Einen glatten Teig kneten. Diesen halbieren und zu 2 Teigplatten ausrollen. Weiterverfahren, wie links gezeigt. Den Kuchen abdecken und etwa 1 Stunde ruhen lassen. In dem auf 200 °C vorgeheizten Ofen 35 bis 40 Minuten backen.

Auf dem Backblech oder einem Holzbrett serviert, kommt der rustikale Charakter dieses Kuchens gut zur Geltung.

Die Mandelernte wird in ländlichen Regionen von Hand durchgeführt, indem die Bäume so lange gerüttelt werden, bis die Mandeln zu Boden fallen.

Focaccia di mandorla

DIESER GEDECKTE MANDELKUCHEN BESTEHT AUS EINEM ZARTEN MÜRBTEIG MIT EINER LUFTIGEN FÜLLUNG.

Es ist wohl ein Erbe der Araber, daß im Süden Italiens so viel mit Mandeln gekocht und gebacken wird. Dieser Kuchen schmeckt am besten, wenn er ganz frisch ist, denn dann besitzt die Füllcreme noch ihre volle Luftigkeit.

Für 2 Kuchen
Für den Teig:
250 g ungeschälte Mandeln, 250 g Butter
je 250 g Zucker und Mehl
Für die Füllung:
160 g Zucker, 40 g Speisestärke, 4 Eigelbe, 1/2 l Milch
ausgeschabtes Mark von 1/2 Vanilleschote, 3 Eiweiße
Außerdem:
1 Springform von 22 cm Durchmesser
Backpapier zum Auskleiden
gehobelte Mandeln, Puderzucker zum Bestauben

Die Mandelblüte auf Sizilien überzieht im Frühjahr ganze Landstriche mit einem zauberhaften, zart anmutenden Schleier. Vor allem in der Region von Agrigento, dem wichtigsten Anbaugebiet für Mandeln auf der Insel, zeigt sich der Frühling in Form der hellen Blüten.

1. Für den Teig die Mandeln mit kochendem Wasser überbrühen, ziehen lassen, abschrecken und die Haut abziehen. In einem Multimixer zerkleinern. Nach und nach die restlichen Zutaten zufügen und mitmixen, bis ein weicher Knetteig entstanden ist. In Folie wickeln und 2 Stunden kühl ruhen lassen.

2. Den Teig etwa 1/2 cm dünn ausrollen, mit dem Springformrand 4 Kreise in den Teig drücken, ausschneiden und nacheinander in der mit Backpapier ausgekleideten Springform bei 190 bis 200 °C im vorgeheizten Ofen in 15 bis 17 Minuten backen. 2 Böden noch heiß in je 12 Tortenstücke schneiden, alle Böden auskühlen lassen.

3. Für die Füllung 50 g Zucker mit der Speisestärke in eine Schüssel geben. Die Eigelbe und einige EL der Milch zufügen. Mit einem Schneebesen verrühren, es sollen keine Klümpchen entstehen. Die restliche Milch mit 50 g Zucker und dem Vanillemark aufkochen. Die angerührte Speisestärke langsam und kontinuierlich in die kochende Vanillemilch gießen, dabei ständig rühren. Mehrmals aufwallen lassen, bis die Milch eindickt.

4. In der Zwischenzeit die Eiweiße steif schlagen, dabei den restlichen Zucker einrieseln lassen, bis ein schnittfester Schnee entstanden ist. Unter die Vanillecreme heben und unter ständigem Rühren erhitzen, bis die Creme erneut aufwallt.

5. Die heiße Creme schnell auf die beiden Böden streichen, da sie kalt nicht mehr streichfähig ist. Mit den in Stücke geschnittenen Böden bedecken, mit den Mandeln bestreuen und mit dem Puderzucker bestauben.

Schäumchen mit Schokoladencreme

IN DEN REGIONEN PIEMONT UND LOMBARDEI HAT MAN EINE VORLIEBE FÜR DIE SÜSSEN »MERINGHE«.

Die Baiserschalen werden auch in Italien überwiegend mit Schlagsahne gegessen. Folgendes Rezept mit der bitteren Schokoladencreme und der säuerlichen Konfitüre läßt aber die Süße der »meringhe« vergessen, die bittere Schokolade bietet einen angenehmen geschmacklichen Kontrast. Die Baisermasse ergibt, je nach Größe, 30 bis 40 gespritzte Schalen und damit 15 bis 20 zusammengesetzte Schäumchen. Sollten sie nicht alle auf einmal gebraucht werden, können sie – vorausgesetzt, sie sind vollständig durchgetrocknet – in einer gut schließenden Dose 2 bis 3 Wochen gelagert werden. Auch die Grundcreme – die Schokoladencreme ohne Rum – kann, gut verschlossen, mindestens eine Woche im Kühlschrank aufbewahrt werden.

Für 15 bis 20 Schäumchen
Für die Baisermasse:
8 Eiweiße, 250 g Zucker
200 g Puderzucker, 30 g Speisestärke
Für die Schokoladencreme:
500 g bittere Kuvertüre oder Schokolade
400 ml Sahne
1 Vanilleschote, längs aufgeschnitten
4 cl brauner Rum
Außerdem:
2 Backbleche, Backpapier zum Auslegen
Himbeerkonfitüre
Papierkapseln, Kakaopulver zum Besieben

Absolut schnittfest muß der Eischnee für die Baisermasse sein. Deshalb müssen sowohl die Schüssel als auch das Rührgerät absolut sauber und fettfrei sein.

1. Für die Baisermasse die Eiweiße in einer völlig fettfreien Schüssel zu Schnee schlagen, dabei den Zucker einrieseln lassen und weiterschlagen, bis ein absolut schnittfester Eischnee entstanden ist. Den Puderzucker mit der Speisestärke über den Eischnee sieben und mit einem Holzspatel vorsichtig unterheben.

2. Die Backbleche mit Backpapier auslegen. Die fertige Baisermasse in einen Spritzbeutel mit Lochtülle Nr. 8 füllen und Schäumchen von 5 bis 6 cm Durchmesser dar-

aufspritzen. Die Backbleche mit genügend Abstand in den auf 50 °C vorgeheizten Ofen schieben und einen Kochlöffel in die leicht offene Ofentür stecken, damit die Feuchtigkeit vollständig entweichen kann. Die Baiserschäumchen über Nacht im Ofen lassen, damit sie vollständig durchtrocknen.

3. Für die Creme die Schokolade in kleine Stücke schneiden. Die Sahne in eine Kasserolle geben, die Vanilleschote hineinlegen und aufkochen. Die Vanilleschote entfernen. Die Schokoladenstücke auf einmal in die kochende Sahne schütten und mit dem Holzspatel kräftig rühren, damit sich die Schokolade vollständig auflöst, ohne anzubrennen. Vom Herd nehmen und abkühlen lassen. So läßt sie sich auch auf Vorrat halten.

4. Die vollständig erkaltete Grundcreme mit dem Handrührgerät schaumig rühren und den Rum langsam unterrühren. Die locker aufgeschlagene Creme in einen Spritzbeutel mit Sterntülle Nr. 10 füllen. Auf die Hälfte der Baiserschalen je eine große Rosette von der Schokoladencreme spritzen, in die Mitte etwa 1/2 TL von der Himbeerkonfitüre geben. Jeweils eine zweite Baiserschale daraufsetzen. In Papierkapseln setzen und mit Kakaopulver besieben.

Viele Brotsorten kennt man in Italien nicht. Sie sind alle mehr oder weniger weiß – dafür kennt der Formenreichtum aber keine Grenzen.

Brottorte

DAS IST RESTEVERWERTUNG AUF ITALIENISCH – MIT EINEM BESONDERS DELIKATEN ERGEBNIS.

Altbackenes Brot bleibt immer mal übrig. Für diese Torte sollte es aber kein tiefschwarzes Roggenbrot, sondern weißes oder halbweißes Brot sein, wie man es in Italien bekommt. Es wird am besten mit der Rinde gerieben, weil die Kruste den Bröseln entsprechend Geschmack mitgibt.

Für den Teig:
250 g altbackenes Brot
80 g helle Sultaninen
50 g gemischte kandierte Früchte
50 ml Vino Santo
50 g Butter
7 Eigelbe
180 g Zucker
Abgeriebenes von 1 unbehandelten Zitrone
1 Messerspitze Salz
7 Eiweiße

Das knusprige, selbstgebackene Brot ist auch in Italien nicht mehr alltäglich, wenngleich es auf dem Land noch üblich ist, sein eigenes Brot zu backen – meist einmal wöchentlich. Was übrigbleibt und trocken wird, wird gern für Rezepte wie die nebenstehende Brottorte verwendet.

Für den Belag:
3/8 l Sahne
30 g Zucker
120 g kandierte Früchte zum Garnieren
Außerdem:
1 Springform von 26 cm Durchmesser
Butter und Brösel für die Form

1. Das Brot fein reiben und in eine Schüssel geben. Die Sultaninen und die kandierten Früchte fein hacken und zugeben. Mit dem Vino Santo übergießen und mindestens 1 Stunde durchziehen lassen, abseihen.

2. Die Butter mit den Eigelben und 1/3 des Zuckers schaumig rühren. Mit der Zitronenschale und dem Salz würzen. Die Eiweiße zu Schnee schlagen, dabei den restlichen Zucker langsam einrieseln lassen und weiterschlagen, bis ein schnittfester Eischnee entstanden ist. Die gut abgetropfte Brösel-Früchte-Mischung unter den Eigelbschaum rühren. Den steifen Eischnee nach und nach darunterheben, die Masse soll möglichst wenig an Volumen verlieren.

3. Die Springform mit Butter ausstreichen, mit Bröseln ausstreuen und die Masse einfüllen. Bei 180 °C im vorgeheizten Ofen in 45 bis 50 Minuten backen. In der Form etwas abkühlen lassen, auf ein Gitter stürzen und völlig erkalten lassen, am besten über Nacht.

4. Für den Belag die Sahne mit dem Zucker steif schlagen, die kandierten Früchte hacken. Die Oberfläche der Torte mit der Sahne bestreichen und mit den kandierten Früchten bestreuen.

Reiskrapfen

»FRITELLE DI RISO« HEISSEN SIE IM NORDEN ITALIENS, UND WIE ALLE SCHMALZGEBÄCKE SCHMECKEN SIE GANZ FRISCH AM BESTEN.

Von den Fritelle, die auch »dolcini di riso« genannt werden, gibt es sehr unterschiedliche Rezepte. Doch Hefe findet man zum Beispiel nur selten als deren Zutat. Aber gerade sie läßt die Krapfen schön aufgehen und bringt den typischen, säuerlichen Geschmack mit, der dem Schmalzgebäck gut bekommt. Auch die Zusammensetzung der Einlagen variiert sehr, man kann sie ganz nach eigenem Gusto zusammenstellen. Die Rosinen werden aber immer aromatisiert, das heißt, in Alkohol eingeweicht, und das kann Rum, Weinbrand, Mandellikör oder, wie in der Toskana üblich, der heimische Vino Santo sein, der dem Ganzen ein feines Aroma gibt. Die Schale der Zitrusfrüchte sollte für dieses Rezept ganz vorsichtig abgerieben werden, damit nichts von der bitteren weißen Schicht mit abgenommen wird.

Für etwa 20 Stück
60 g Rosinen
30 g gehackte kandierte Kirschen
20 g gehackte Pinienkerne
30 g gehackte Walnüsse
2 cl Vino Santo
1/2 l Milch, 1/4 TL Salz
40 g Zucker
200 g Arborio-Reis, 50 g Butter
2 Eiweiße
Abgeriebenes von 1/2 unbehandelten Zitrone
Abgeriebenes von 1 unbehandelten Orange
2 Eigelbe, 10 g Hefe
50 g Mehl

Die abgeriebenen Zitrusschalen, die Eigelbe und die zerbröckelte Hefe zum Reisbrei geben. Rühren, bis die Zutaten gut vermischt sind. Das gesiebte Mehl und die in Vino Santo eingeweichten Früchte zugeben. Vorsichtig unterheben, bis alles gut miteinander vermengt ist. Den schnittfesten Eischnee mit einem Holzspatel vorsichtig unter die Reismischung ziehen.

Außerdem:
Öl zum Ausbacken
Puderzucker zum Besieben

Die Rosinen mit den gehackten Kirschen, Pinienkernen und Walnüssen in eine kleine Schüssel geben und den Vino Santo untermischen. 1 Stunde marinieren lassen. Die Milch in einem entsprechend großen Topf zum Kochen bringen, das Salz und 2 TL von dem Zucker zugeben. Den Reis in die kochende Milch schütten und unter Rühren 4 bis 5 Minuten kochen lassen. Die Butter zugeben, umrühren und köcheln lassen, bis die Flüssigkeit völlig aufgesogen ist und ein fast trockener Reisbrei entstanden ist. Lauwarm abkühlen lassen. In der Zwischenzeit die Eiweiße zu Schnee schlagen, dabei den restlichen Zucker langsam einrieseln lassen und weiterschlagen, bis ein schnittfester Eischnee entstanden ist. Weiterverfahren, wie in der Bildfolge links beschrieben. Von der fertigen Reismasse mit zwei in Wasser eingetauchten Eßlöffeln Nocken abstechen. Die Reiskrapfen in eine Friteuse in das auf 180 °C erhitzte Öl geben und in 2 bis 3 Minuten knusprig braun ausbacken, sie sollen aber innen noch weich sein. Die Krapfen aus dem Öl nehmen und auf Küchenkrepp abtropfen lassen. Noch warm mit Puderzucker besieben und servieren.

Die gebackenen Rollen werden schräg in etwa 12 mm starke Scheiben geschnitten und zum zweiten Mal gebacken. Sie können entweder, wie beim Zwieback, flach auf dem Backblech liegen, oder sie werden nur eingeschnitten und die Stücke wie ein Fächer etwas auseinandergezogen.

Biscotti di prato

ODER »CANTUCCINI«, WIE DIESES MANDELGEBÄCK IN DER TOSKANA HEISST. ES WIRD GEBACKEN, UM IM WEIN ERTRÄNKT ZU WERDEN.

Vino Santo – das ist der Wein, der außerhalb der Toskana noch wenig bekannt ist und nur in geringen Mengen produziert wird. Er ist ein Dessertwein aus den Trauben der weißen Sorten Trebbiano und Malvasia, die in einer sehr aufwendigen Prozedur auf Strohmatten getrocknet werden. Erst nach Wochen kommen die geschrumpften Beeren in die Presse. Entsprechend gering ist die Most-Ausbeute, dafür aber zuckersüß. Traditionell wird der Vino Santo in kleinen Fässern von nicht mehr als 100 Litern, den »Caratelli«, ausgebaut. Aber nicht im Keller, sondern im obersten Stockwerk unter dem Dach, weil der Wein für eine positive Entwicklung die Temperatursprünge zwischen Sommer und Winter braucht. Es entsteht ein Dessertwein ganz eigener Prägung, bernsteinfarben und süß, mit relativ wenig Säure. So liebt man ihn in der Toskana, schon allein um die Cantuccini hineinzutauchen – die Aromen von Wein und Gebäck sind wirklich von einer seltenen geschmacklichen Harmonie.

Für etwa 70 Stück
300 g Mehl, 1 TL Backpulver
170 g Zucker
2 Eier
1 Eigelb
1 Messerspitze Salz
100 g ungeschälte, sehr grob gehackte Mandeln
50 g ungeschälte, gemahlene Mandeln
Außerdem:
1 Eigelb zum Bestreichen
2 EL Milch
Butter und Mehl für das Blech

1. Das Mehl mit dem Backpulver in eine Schüssel sieben. Den Zucker, die beiden Eier, 1 Eigelb und das Salz zugeben und alles gut verrühren, bis ein weicher Teig entsteht. Die Mandeln gleichmäßig unter den Teig arbeiten.

2. Den Teig auf einer bemehlten Arbeitsfläche zu vier Rollen mit einem Durchmesser von etwa 2,5 cm formen. Das Eigelb mit der Milch verrühren und die Teigrollen damit bestreichen. Ein Backblech mit Butter einfetten und leicht mit Mehl bestauben. Die Teigrollen darauflegen und im auf 180 °C vorgeheizten Ofen etwa 20 Minuten backen, bis sie goldbraun sind.

3. Aus dem Ofen nehmen und die leicht abgekühlten, aber noch weichen Rollen in etwa 12 mm dicke Scheiben schneiden und zum zweiten Mal backen, damit die Schnittflächen trocknen. Das Backblech dafür nochmals 5 Minuten in den Ofen schieben – die Gebäckscheiben dürfen sich nicht berühren. Die fertig gebackenen Stücke auf einem Kuchengitter abkühlen lassen.

An guten Mandeln herrscht in Italien kein Mangel. Die besten Qualitäten kommen aus dem Süden, vor allem aus Apulien und Kalabrien und natürlich aus Sizilien. Diese Mandeln sind noch in ihrer Schale. Diese platzt bei der Reife auf und gibt den Samen frei.

SANTO
VINO DA TAVOLA
RICCIO
Fattoria

Mohntorte

UNGEFÜLLT UND TROTZDEM SCHÖN SAFTIG – DER MOHN MACHT'S MÖGLICH.

Mit Mohn wird vor allem in Osteuropa viel gebacken, und die Länder der ehemaligen k. u. k.-Monarchie kennen besonders interessante Rezepte mit den Samen der blauen Kapselfrüchte. Dazu gehören die Mohntorten, die wie eine Biskuitmasse zubereitet werden. Teilweise kombiniert man den Mohn mit anderen würzenden Zutaten, wie etwa feingeschnittenes Orangeat oder Zitronat, in Rum eingeweichte Rosinen oder fein geraspelte bittere Schokolade. Letztere verträgt sich übrigens geschmacklich mit dem Mohn sehr gut.

150 g Butter
200 g Puderzucker
Abgeriebenes von 1/2 unbehandelten Zitrone
2 cl brauner Rum
1 Messerspitze Salz
6 Eigelbe
6 Eiweiße
200 g gemahlener Mohn
50 g Mehl
30 g Weizenpuder
Außerdem:
1 Springform von 26 cm Durchmesser
Butter und Brösel für die Form

1. Die Butter mit 1/3 des Zuckers cremig rühren. Die Zitronenschale, den Rum und das Salz zugeben und gut untermischen. Die Eigelbe nacheinander zugeben, darauf achten, daß jedes gut untergerührt ist, bevor das nächste folgt.

Nur mit Puderzucker besiebt, schmeckt die Mohntorte einfach herrlich. Als Dekoration dienen einige Marzipanblätter und frische Zesten einer unbehandelten Zitrone. Dazu paßt leicht gesüßte Schlagsahne oder, wie in Österreich üblich, Schlagsahne ohne Zucker.

2. Die Eiweiße mit dem restlichen Zucker zu steifem Schnee schlagen. Den Mohn, das Mehl und das Weizenpuder gut miteinander vermengen.

3. Etwa 1/3 des Eischnees unter die Buttermasse rühren. Den Rest hineingeben und die Mohnmischung darüberstreuen. Alles vorsichtig untermelieren, bis eine glatte Masse entsteht. Die Springform mit Butter ausstreichen und mit Bröseln ausstreuen. Die Masse einfüllen.

4. Die Mohntorte bei 190 °C im vorgeheizten Ofen in 45 bis 50 Minuten backen. 30 Minuten in der Form auskühlen lassen, erst dann den Formrand lösen und auf ein Gitter stürzen. Mit Folie abdecken und über Nacht ruhen lassen.

5. Die Torte bedarf eigentlich keiner weiteren Dekoration. Einfach mit Puderzucker besieben und mit etwas leicht gesüßter Schlagsahne servieren. Sehr fein schmeckt die Torte aber auch mit einer Marzipan-Schokoladendecke. Dafür die Oberfläche und die Seiten dünn mit warmer Aprikosenkonfitüre einstreichen, mit einer dünn ausgerollten Marzipanschicht abdecken und mit Schokolade oder Kuvertüre überziehen.

Der Zigeunerprimas mit seiner Geige gehört zu einem gepflegten Budapester Kaffeehaus wie die Dobostorte. Diese wurde vor etwa 100 Jahren vom Zuckerbäcker C. Joseph Dobos erfunden, ungefähr zur gleichen Zeit, wie die bayerische Prinzregententorte kreiert wurde.

Dobostorte

DIE DOBOSTORTE, DIESE UNGARISCHE KREATION, HAT EINE SEHR ENGE VERWANDTE IN BAYERN: DIE PRINZREGENTENTORTE.

Bis auf den Überzug sind sie sich zum Verwechseln ähnlich: Dünne, auf dem Blech gebackene Biskuitböden werden mit feiner Schokoladenbuttercreme eingestrichen und übereinander gesetzt. Die bayerische, dem Prinzregenten Luitpold gewidmete Torte, wird einfach mit bitterer Schokolade überzogen. Für die Dobostorte aber wird ein Boden zurückbehalten, mit einer Karamelschicht bestrichen und geteilt auf die Torte gesetzt.

Für die Dobosböden:
9 Eigelbe, 220 g Puderzucker, 9 Eiweiße
180 g Mehl, 50 g Butter, geschmolzen
Für die Schokoladenbuttercreme:
300 g Butter, 1/2 l Milch, 3 Eigelbe
45 g Speisestärke (Weizenpuder), 250 g Zucker
Mark von 1/2 Vanilleschote, 50 g Kakaopulver
120 g Kuvertüre, geschmolzen
Für die Karameldecke:
1 TL Butter, 150 g Zucker, einige Tropfen Zitronensaft
Außerdem:
1 Tortenring von 26 cm Durchmesser

Die Eigelbe mit 1/3 des Puderzuckers schaumig rühren. Die Eiweiße mit einem Teil des Puderzuckers schaumig, dann nach und nach mit dem restlichen Puderzucker zu steifem Schnee schlagen. Einen Teil des Eischnees mit einem Spatel locker unter die Eigelbmasse ziehen und leicht verrühren. Den restlichen Eischnee zusammen mit dem Mehl unterheben. Die warme, flüssige Butter unterziehen. Auf 7 Stück Backpapier Kreise von 26 cm Durchmesser zeichnen. Die Dobosmasse in gleichen Portionen darauf verteilen und glatt streichen. Die Böden so schnell wie möglich nacheinander bei 220 °C im vorgeheizten Ofen backen. Unbedingt »nach Sicht« backen, da die dünnen Böden schnell verbrennen können. Sofort vom Blech nehmen und mit Hilfe des Tortenrings und einem Messer die Böden in Form schneiden. Für die Creme die Butter schaumig rühren. 2 EL von der Milch mit den Eigelben und der Speisestärke verrühren. Die restliche Milch mit dem Zucker, dem Vanillemark und dem Kakao aufkochen. Die angerührte Speisestärke unter ständigem Rühren zugeben und aufwallen lassen. Abkühlen lassen, durch ein Sieb streichen und nach und nach unter die schaumige Butter rühren. Zuletzt die aufgelöste Kuvertüre zugeben. Einen Boden mit der vom Papier abgezogenen Seite auf eine Tortenunterlage legen, etwas Creme aufstreichen. Einen weiteren Boden mit der Papierseite nach oben möglichst genau auflegen und fest andrücken. Das Papier abziehen. Erneut eine Schicht Creme darauf verstreichen. So weiterverfahren, bis alle Böden aufgelegt sind – den Schönsten für die Karameldecke zurückbehalten. Die Torte mit etwas Creme ganz dünn einstreichen, im Kühlschrank fest werden lassen, den Vorgang wiederholen. Für die Decke die Butter zerlaufen lassen, Zucker und Zitronensaft untermengen und unter Rühren zu hellem Karamel schmelzen. Sofort weiterarbeiten, wie gezeigt.

Die Tortenunterlage und die Palette dünn mit Butter bestreichen. Sofort den noch warmen Karamel zügig und gleichmäßig auf den zurückbehaltenen Boden auftragen.

Mit einem langen Tortenmesser in 16 Stücke teilen. Dieses vor jedem Schnitt durch ein Stück Butter ziehen, sonst klebt der Karamel daran. Zügig arbeiten, dieser wird schnell hart.

Stück für Stück auf die Torte legen oder den geteilten Boden auf einmal auf die Torte schieben. Vorher jedoch mit einem Messer vorsichtig von der Unterlage lösen.

Zwei Böden mit der Schokoladencreme bestreichen, fest werden lassen und erst dann übereinandersetzen. Mit dem dritten Boden in gleicher Weise verfahren.

Sava-Torte

EINE SCHOKOLADENTORTE VON BESONDERER GÜTE, WIE SIE IN SERBIEN ZUBEREITET WIRD.

Woher sie stammt, weiß man nicht mehr. Der Name könnte vom serbischen Nationalheiligen »Sava« stammen oder von der Save, dem längsten Fluß des ehemaligen Jugoslawien, der auf serbokroatisch »Sava« heißt. Die Originaltorte wird meist mit einer sehr schweren, fettreichen Creme aus Butter, Zucker, Eigelb und viel Schokolade gefüllt. Das folgende Rezept ergibt eine wesentlich leichtere, aber sicher ebenso gute Creme.

Für den Teig:
150 g Butter, 150 g Zucker, 6 Eigelbe
60 g Halbbitter-Kuvertüre
6 Eiweiße, 60 g Weißbrotbrösel
50 g geriebene Mandeln, 30 g Mehl
Für die Schokoladencreme:
1/4 l Milch, 80 g Halbbitter-Kuvertüre
25 g Speisestärke (Weizenpuder)
2 Eigelbe, 2 Eiweiße
80 g Zucker, 2 Blatt Gelatine, 1/8 l Sahne
Zum Garnieren:
150 g Halbbitter-Kuvertüre, Puderzucker
Außerdem:
1 Springform von 24 cm Durchmesser
Backpapier zum Auslegen

Die Schokoladencreme von diesem Rezept zeichnet sich durch einen besonders kräftigen Schokoladengeschmack aus.

Die lauwarme Kuvertüre mit einer Palette hauchdünn auf eine glatte Arbeitsplatte (am besten Marmor) streichen und »fast« fest werden lassen: sie darf nicht hart sein.

Einen Spachtel im flachen Winkel ansetzen, auf die Unterlage drücken und jeweils 3 cm vorschieben. Die Röllchen kühlen, bevor sie auf die Torte kommen.

Für den Teig die Butter mit dem Zucker schaumig rühren. Die Eigelbe nacheinander unter die Butter rühren. Die Kuvertüre schmelzen, etwas abkühlen lassen und unter die Eigelbmasse rühren. Die Eiweiße zu steifem Schnee schlagen. Die Weißbrotbrösel mit den Mandeln und dem Mehl mischen. 1/3 des Eischnees vorsichtig unter

die Masse heben. Den restlichen Eischnee und die Bröselmischung zugeben und alles vorsichtig unterheben. Die Springform mit Backpapier auslegen, die Masse einfüllen und glattstreichen. Bei 175 °C in den vorgeheizten Ofen schieben und etwa 50 Minuten backen. Zwischendurch eine Stäbchenprobe machen. Den Boden aus der Form lösen und über Nacht stehen lassen. Für die Creme die Milch aufkochen und die Kuvertüre darin schmelzen lassen. Die Speisestärke mit den Eigelben in einer Tasse verrühren. Die Eiweiße zu steifem Schnee schlagen, dabei den Zucker langsam einrieseln lassen. Die Gelatine in etwas kaltem Wasser einweichen. Die Eigelb-Speisestärke-Mischung in die kochende Milch einrühren und erneut aufkochen lassen. Die Hitze reduzieren und den Eischnee unter die noch kochende Masse schlagen. Vom Herd nehmen. Die Gelatine gut ausdrücken, unter die Creme rühren und auflösen. Die Creme abkühlen lassen, dabei immer wieder etwas umrühren. Aus dem Kuchenboden 3 Böden schneiden. Die Sahne steif schlagen und unter die abgekühlte Creme heben. Die Böden mit der Creme bestreichen und zusammensetzen, wie gezeigt, etwas Creme für den Kuchenrand zurückbehalten. Zum Garnieren die Kuvertüre im Wasserbad schmelzen und Röllchen formen, wie gezeigt. Den Kuchenrand rundum mit der restlichen Creme einstreichen. Die gesamte Torte mit den Schokoladenröllchen bestreuen und mit etwas Puderzucker besieben.

Erfrischend schmeckt die Quittentorte durch ihren leicht säuerlichen Akzent. Frische Schlagsahne paßt hervorragend dazu.

Quittentorte

DIESER IM ROHEN ZUSTAND UNGENIESSBAREN FRUCHT WÜRDE MAN EIN SOLCH DELIKATES ERGEBNIS NICHT ZUTRAUEN.

Die Quitte ist tatsächlich eine »verkannte Frucht«, denn gemessen an ihren Verwandten, den Äpfeln und Birnen, wird sie kaum verwendet. Vielleicht nur deshalb, weil sie einige Mühe macht, bevor man sie wirklich genießen kann. Oder auch, weil sie kaum jemand schon mal probiert hat – ganz einfach hineinbeißen geht nicht, da sie dafür zu sauer und hart ist, und zubereitet wird sie nicht oder nur selten angeboten.

Für den Mürbteig:
200 g Mehl, 100 g Butter, grob gewürfelt
80 g Puderzucker, 1 Ei
1 Messerspitze Salz
Für die Füllung:
1 kg Quitten
5 EL frisch gepreßter Zitronensaft
1/2 l Wasser, 200 g Zucker
1/8 l Weißwein, 8 Blatt weiße Gelatine
Außerdem:
1 Obstkuchenform von 24 cm Durchmesser
Backpapier und Hülsenfrüchte zum Blindbacken

Einen Mürbteig zubereiten, wie auf Seite 6 beschrieben. In Folie wickeln und im Kühlschrank ruhen lassen. Den gut gekühlten Teig gleichmäßig ausrollen und in die Form legen. Mit einer Teigkugel oder mit den Händen den Rand andrücken und den überstehenden Teig mit einem scharfen Messer abschneiden. Blindbacken, wie auf Seite 70 beschrieben. Dafür ein passendes Stück Backpapier einlegen und die Hülsenfrüchte einfüllen. Den Boden bei 180 °C im vorgeheizten Ofen 30 Minuten backen. Leicht auskühlen lassen, die Hülsenfrüchte und das Papier entfernen. Die Füllung zubereiten, wie in der Bildfolge gezeigt. Die verbliebene Kochflüssigkeit der Quitten mit dem Weißwein stark einkochen. In der Zwischenzeit die Gelatine in kaltem Wasser ungefähr 3 Minuten einweichen, quellen lassen, ausdrücken und abtropfen lassen. In einem kleinen Topf bei ganz geringer Hitze – maximal 40 °C – schmelzen; gut geht es auch in der Mikrowelle. Dem Quittensaft-Wein-Gemisch zufügen und die Flüssigkeit abkühlen lassen, bis kurz vor dem Gelieren. Die kalten Früchte in den ausgekühlten Tortenboden füllen, mit der gelierenden Kochflüssigkeit übergießen, erkalten lassen.

Von den Quitten den »Flaum« mit einem Tuch abreiben und mit einem Messer oder Kartoffelschäler so großzügig schälen, daß nichts von der Schale daranbleibt.

Das Kernhaus herausschneiden und das Fruchtfleisch in Würfel von etwa 1,5 cm Kantenlänge schneiden. Sofort mit Zitronensaft beträufeln, damit es nicht braun wird.

Die Schalen und die Kerngehäuse in einen großen Topf geben und mit dem Wasser aufkochen. 25 Minuten leicht kochen lassen, damit sie gut auslaugen.

Den Topfinhalt portionsweise in ein Passiertuch oder eine Serviette geben und über einem Krug kräftig auspressen. Den Rückstand verwerfen.

Fruchtfleisch mit Zucker und Quittensaft köcheln, bis die Stücke weich, aber noch bißfest sind. Herausnehmen, abtropfen – den Saft auffangen – und erkalten lassen.

Schon im klassischen Altertum waren die Zitronen in Griechenland bekannt und gehören heute zu den beliebtesten Zutaten dieser Küche.

Zitronentorte

IN GRIECHENLAND KOCHT UND BACKT MAN GERN UND VIEL MIT ZITRONEN.

Diese Torte schmeckt erfrischend, ist leicht und luftig, also genau richtig für die warme Jahreszeit. Das Rezept läßt sich übrigens auch zu einer Orangentorte umwandeln. Etwas Zitronensaft ist dann zur geschmacklichen Abrundung trotzdem nötig. Als Kuchenform eignet sich eine Pieform mit gewelltem Rand und losem Boden.

Für den Mürbteig:
220 g Mehl, 110 g Butter
50 g Puderzucker, 1 Eigelb
1 Messerspitze Salz

Frische Zitronen. Griechenland hat neben Sizilien die längste Tradition im Anbau von Zitrusfrüchten. Schon lange vor der Zeitwende kamen sie aus Asien in die Länder des östlichen Mittelmeers und gelangten dann über Sizilien und Nordafrika bis nach Spanien.

Es muß nicht immer eine Torte sein, denn aus diesem Rezept lassen sich auch kleine Zitronentörtchen zubereiten. Die angegebenen Zutaten reichen für 12 Förmchen von 8 bis 10 cm Durchmesser.

Für die Zitronencreme:
1/4 l Milch, 30 g Zucker, 3 Eigelbe, 30 g Speisestärke
Saft von 1 Zitrone
Abgeriebenes von 2 unbehandelten Zitronen
Für die Baisermasse:
5 Eiweiße, 150 g Zucker, 100 g Puderzucker
Außerdem:
1 Pieform von 26 cm Durchmesser
Backpapier und Hülsenfrüchte zum Blindbacken

1. Für den Teig das Mehl in eine Schüssel sieben und in die Mitte eine Mulde drücken. Die Butter in Stücken, den Puderzucker, das Eigelb und das Salz hineingeben und zu einem Mürbteig arbeiten, wie auf Seite 6 beschrieben. Den Teig zu einer Kugel formen, in Folie wickeln und mindestens 1 Stunde im Kühlschrank ruhen lassen.

2. Den Teig ausrollen und die Kuchenform damit auslegen. Die Ränder andrücken und den überstehenden Teig abschneiden. Den Boden blindbacken, wie auf Seite 70 beschrieben. Dafür das Backpapier in die Form legen, die Hülsenfrüchte einfüllen und den Teig bei 190 °C etwa 15 Minuten backen. Die Hülsenfrüchte und das Papier entfernen, den Boden in nochmals 10 bis 15 Minuten hellbraun backen.

3. Für die Creme die Milch mit dem Zucker aufkochen. Die Eigelbe mit der Speisestärke verrühren, 1 bis 2 EL der heißen Milch darunterrühren und mit dieser Mischung die Milch binden, das heißt, unter ständigem Rühren mit dem Schneebesen die Milch einige Male aufwallen lassen. Zitronensaft und -schale darunterrühren.

4. Parallel zur Zitronencreme die Eiweiße in einer völlig fettfreien Schüssel zu Schnee schlagen, dabei den Zucker einrieseln lassen und weiterschlagen, bis ein steifer, absolut schnittfester Eischnee entstanden ist. Mit einem Holzspatel den gesiebten Puderzucker unterheben. Die Hälfte dieses Eischnees auf dem Herd mit dem Schneebesen unter die Zitronencreme rühren und das Ganze nochmals aufwallen lassen.

5. Die heiße Zitronencreme auf den gebackenen Mürbteigboden in der Form geben und die Oberfläche glattstreichen. Den restlichen Eischnee auf die Torte streichen und die Oberfläche mit dem Tortenmesser wellenförmig aufrauhen. Unter dem Grill oder bei Oberhitze im vorgeheizten Ofen überbacken, bis der Schnee hellbraun ist.

In den griechischen Bäckereien wird zu den Festtagen nicht nur Brot verkauft. Da kann man auch den Osterzopf kaufen, wenn man sich nicht die Mühe machen will, ihn selbst zu backen.

Osterkranz mit Mandeln und Sesam

DAS HEFEGEBÄCK KANN AUCH IN FORM EINES ZOPFES GEBACKEN WERDEN, UND DAS NATÜRLICH NICHT NUR ZUM OSTERFEST.

Wie in vielen anderen Ländern wird auch in Griechenland zu Ostern Gebäck zubereitet. Dort wird für jedes Kind der Verwandtschaft ein Zopf, die »tsourekia«, gebacken. In ihren gut geheizten Küchen sind die Frauen dann mit der Zubereitung des Vorteigs, des Teigs und schließlich mit dem Backen fast die ganze Nacht hindurch beschäftigt.

Für den Teig:
600 g Mehl, 40 g Hefe, 1/8 l lauwarme Milch
4 EL Olivenöl, 1/2 TL Salz
Abgeriebenes von 1 unbehandelten Zitrone
90 g Zucker, 3 Eier, 1 TL grobgehackter Anis
Zum Garnieren:
1 EL Sesam, 60 g gestiftelte Mandeln
30 g Zucker, einige Tropfen Anisschnaps (Ouzo)
Außerdem:
1 Backblech, Fett für das Blech
1 Eigelb und 1 EL Milch zum Bestreichen

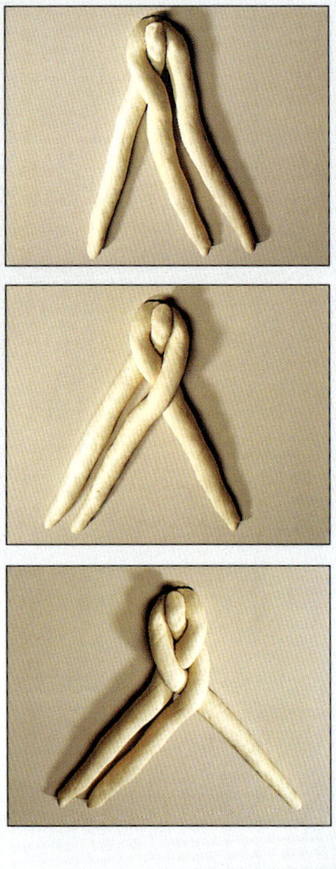

Für den Zopf die drei Teigstränge strahlenförmig auf die bemehlte Arbeitsfläche legen. Den linken Strang über den mittleren legen. So liegt jetzt der linke Strang in der Mitte und der mittlere links außen. Den rechten Strang nun über den mittleren legen. Den linken Teigstrang wieder über den mittleren legen. Abwechselnd die außenliegenden Stränge über den mittleren legen. Die Enden des Zopfes fest zusammendrücken.

Sesam und Mandeln gehören in Griechenland – und übrigens auch in der Türkei – zum Hefegebäck. Als Gewürz wird Anis verwendet, für den die Griechen in jeder Form eine Schwäche haben.

Für den Hefeteig den Vorteig zubereiten und gehen lassen, wie auf Seite 10 beschrieben. Das Öl mit dem Salz, der Zitronenschale, dem Zucker, den Eiern und dem Anis verrühren. Zu dem Vorteig geben, gut untermischen und zu einem glatten Teig schlagen. Sollte er zu weich sein, noch etwas Mehl zusetzen. Den Teig mit den Händen auf der Arbeitsfläche kräftig durchkneten, bis ein glatter, formbarer, aber nicht zu fester Teig entstanden ist. In die Schüssel zurücklegen, mit Mehl bestauben und zugedeckt nochmals gehen lassen, bis er das Doppelte seines Volumens erreicht hat. Den Teig in 3 gleich große Stücke teilen und diese zu gleichmäßigen Strängen von etwa 70 cm Länge rollen. Sollte der Teig beim Rollen sehr trocken sein, die Hände ganz leicht mit Wasser befeuchten. Zu einem Zopf flechten, wie gezeigt, und zu einem Kranz formen. Den Kranz auf das leicht gefettete Backblech legen, die Enden mit Wasser befeuchten und zusammendrücken. Mit einem Tuch bedecken und etwa 30 Minuten gehen lassen. Das Eigelb mit der Milch verrühren, damit den Kranz bestreichen und mit Sesam bestreuen. Die Mandeln mit dem Zucker vermischen, mit so viel Anisschnaps befeuchten, daß der Zucker an den Mandeln haften bleibt, und in der Mitte des Kranzes verteilen. Bei 200 °C im vorgeheizten Ofen in 25 bis 35 Minuten knusprig braun backen.

Baklava in Würfelform. So wird das Gebäck meist angeboten, doch man kann es natürlich ebenso in Form eines runden Kuchens backen. Besonders wichtig ist: der Teig muß so dünn wie möglich ausgerollt werden, damit die dünnen Schichten nach dem Backen schön »blättrig« sind. Wer sich die Mühe sparen möchte, nimmt fertig zu kaufenden Filloteig.

Baklava

IN ALLEN LÄNDERN DES ÖSTLICHEN MITTELMEERS WIRD BAKLAVA GEBACKEN – VON GRIECHENLAND BIS AN DIE KÜSTE NORDAFRIKAS.

Dabei unterscheiden sich die Rezepte nur geringfügig. Der Teig ist immer derselbe, nur die Füllung wechselt – von Walnüssen über Mandeln bis Pistazien. Oft wird auch eine Mischung verwendet, wie bei dem folgenden Rezept.

Für den Teig:
300 g Mehl, 60 ml Wasser, 1 Ei
1 Messerspitze Salz, 1 EL Öl
Für die Füllung:
300 g Walnüsse, 100 g Pistazien, 125 g Butter
1 Ei, 1 TL gemahlener Zimt, 4 EL Honig
ausgeschabtes Mark von 1/2 Vanilleschote
Für den Sirup:
100 g Zucker, 1/8 l Wasser, 2 EL Honig
Saft und Schale von 1/2 unbehandelten Zitrone
Außerdem:
1 Backblech, Butter für das Blech
100 g zerlassene Butter zum Bestreichen
20 g geröstete, geschälte Sesamsamen

Das Mehl auf eine Arbeitsfläche sieben und in die Mitte eine Mulde drücken. Wasser, Ei, Salz und Öl hineingeben und zu einem weichen Teig kneten. In eine Schüssel geben, mit einem Tuch abdecken und 30 Minuten ruhen lassen. Erneut gut durchkneten, zudecken und weitere 20 Minuten ruhen lassen. Diesen Vorgang zweimal wiederholen. Für die Füllung die Nüsse und die Pistazien fein hacken. Die Butter zerlassen, die Nüsse, die Pistazien, das Ei, den Zimt, den Honig und das Vanillemark zugeben und gut vermischen. Den Teig in 12 Teile teilen und jedes Teil zunächst auf etwa 12 cm Durchmesser ausrollen, mit einem feuchten Tuch bedecken und entspannen lassen, dann auf 26 cm Durchmesser ausrollen. Das Blech leicht fetten. Baklava besteht aus 6 doppelten Teigschichten und 5 Schichten Füllung. Begonnen wird mit einem Teigboden, der mit zerlassenen Butter bestrichen wird. Darauf kommt der nächste, der auch mit Butter eingestrichen wird, und dieser bekommt die erste Schicht Füllung. Die Butter zwischen den Teigblättern bewirkt, daß diese nach dem Backen knusprig und von blättriger Konsistenz sind. Der letzte Boden wird nur mit Wasser bepinselt. Das Gebäck bei 200 °C im vorgeheizten Ofen 45 Minuten backen. Dabei immer wieder mit Butter einstreichen, damit es nicht austrocknet. Für den Sirup Zucker, Wasser, Honig sowie Saft und abgeriebene Schale der Zitrone 10 bis 15 Minuten kochen.

Auf den ersten Doppelboden kommt eine Schicht Füllung und darauf paßgenau der nächste Boden. Mit einem runden Holz zum Abrollen geht es leichter.

Der Boden wird wieder mit der zerlassenen Butter mit einem Pinsel gleichmäßig bestrichen und darüber kommt der zweite Boden.

Dieser doppelte Boden wird auch gebuttert, darauf kommt die nächste Schicht Füllung. Darauf wieder 2 Böden, dann wieder Füllung, und so weiter.

Das fertige Gebäck wird noch warm mit dem Honigsirup bestrichen und mit leicht gerösteten Sesamsamen bestreut.

Türkisches Mandelgebäck

»ŞEKERPARE« HEISST ES IN DER TÜRKEI UND WIRD IMMER IN ZITRONENSIRUP GETAUCHT.

Dieses Mandelgebäck hat aber nicht unbedingt Mandeln im Teig, sondern wird nur mit ganzen oder halben Mandeln belegt. Noch heiß werden die Plätzchen in einen Sirup getaucht, der mit Zitronensaft, Pfefferminze und Rosenwasser parfümiert wurde.

Für 50 bis 60 Stück
Für den Teig:
150 g weiche Butter, 1 Ei, 1 Eigelb
120 g Puderzucker
ausgeschabtes Mark von 1 Vanilleschote
1 Messerspitze Salz, 320 g Mehl
Für den Sirup:
500 g Zucker, 400 ml Wasser
dünn Abgeschnittenes von 1/2 unbehandelten Zitrone
Saft von 1 Zitrone, einige Pfefferminzblättchen
4 cl Rosenwasser
Außerdem:
1 Backblech, Butter für das Blech
50 bis 60 halbierte Mandeln, 1 Eiweiß

1. Für den Teig die Butter mit dem Ei, dem Eigelb, dem Puderzucker, dem Vanillemark und dem Salz in eine entsprechend große Schüssel geben und verrühren, jedoch nicht schaumig rühren. Das Mehl dazusieben und alles schnell zu einem leichten Mürbteig arbeiten, wie auf Seite 6 gezeigt. Den Teig in Folie wickeln und 2 bis 3 Stunden im Kühlschrank ruhen lassen.

Direkt vom Backblech, also noch möglichst heiß, soll das Gebäck in den ebenfalls heißen Sirup getaucht werden. Ein bißchen einziehen und dann auf einem Kuchengitter abtropfen lassen.

Rosenwasser und Mandeln, eine ganz typische Aroma-Kombination der orientalischen Bäckerei, wie sie auch in diesem Rezept praktiziert wird. Dazu passen auch Zitrusfrüchte.

2. Den Teig auf einer bemehlten Arbeitsfläche zu einer gleichmäßig starken Rolle formen und davon mit einem scharfen Messer 50 bis 60 gleichmäßig große Stücke abschneiden. Die Teigstücke mit den Händen zu Kugeln formen und mit genügend Abstand auf das leicht gefettete Backblech setzen, sie laufen beim Backen etwas auseinander. Die halben Mandeln auf der Schnittseite mit etwas Eiweiß bestreichen, jeweils auf die Teigkugeln setzen und etwas andrücken. Die Plätzchen bei 190 °C im vorgeheizten Ofen in etwa 15 Minuten goldgelb backen.

3. Für den Sirup den Zucker und das Wasser erwärmen. Die dünn abgeschnittene Schale der Zitrone zusammen mit dem Zitronensaft, den Pfefferminzblättchen und dem Rosenwasser zum Sirup geben und aufkochen. 4 bis 5 Minuten kochen, bis die Flüssigkeit völlig geklärt ist. Um die Konsistenz des Sirups zu prüfen, einige Tropfen auf einen Teller geben. Er ist dick genug, wenn die Tropfen im erkalteten Zustand eine Haut bilden. Die frisch gebackenen, noch heißen Plätzchen in den Sirup tauchen, etwas einziehen und auf einem Kuchengitter abtropfen lassen.

Eine feine Variante mit Mandeln im Teig:
150 g Butter, 2 Eigelbe
130 g Puderzucker
ausgeschabtes Mark von 1 Vanilleschote
1 Messerspitze Salz
120 g geschälte, feingeriebene Mandeln
250 g Mehl

Die Zubereitung ist völlig identisch mit dem vorangegangenen Rezept. Diese »Şekerpare« können nach dem Abtropfen und Erkalten in temperierte Kuvertüre getaucht werden.

Orangen frisch vom Baum, ohne Spritzmittel und Wachsschicht, sind in den Anbauländern von Orangen natürlich immer zu haben. Und sie sind für Rezepte wie dieses besonders wichtig, weil der Wohlgeschmack des Gebäcks von der einwandfreien, frischen Orangenschale abhängt.

Apfelsinenkringel

YO-YO HEISST DIESES SCHMALZGEBÄCK IN TUNESIEN. ES HAT EINEN ANGENEHM FRISCHEN ORANGENGESCHMACK.

In unseren Breiten muß man beim Einkauf von Orangen sehr wählerisch sein, denn nur Früchte mit wirklich unbehandelter Schale taugen für das Gebäck. Auf den Händler muß also Verlaß sein. Für das folgende Rezept sind 2 bis 3 Orangen, je nach Größe, nötig.

Für den Teig:
2 Eier, 1 Eigelb
4 EL Pflanzenöl, 4 EL Orangensaft
3 bis 4 TL Abgeriebenes der Orangen, 50 g Zucker
1 Päckchen Backpulver, 350 g Mehl
Für den Sirup:
1/2 l Wasser, 2 EL Zitronensaft, 350 g Zucker
3 bis 4 EL Orangensaft, 60 g Honig
2 EL Abgeriebenes der Orangen
Außerdem:
Pflanzenöl zum Fritieren

1. In einer Schüssel die Eier, das Eigelb, das Öl, den Orangensaft und die Orangenschale sowie den Zucker mit einem Schneebesen kräftig zu einer glatten Masse schlagen. Unter weiterem Schlagen nach und nach das mit dem Backpulver gemischte und gesiebte Mehl dazugeben. Weiterschlagen, bis der Teig glatt vom Löffel fällt. Wenn nötig, noch etwas Mehl zugeben. Die Schüssel mit einem Tuch abdecken und den Teig mindestens 30 Minuten ruhen lassen.

2. Für den Sirup in einem Topf das Wasser mit dem Zitronensaft und dem Zucker unter Rühren aufkochen, und den Zucker vollständig auflösen. Im offenen Topf in etwa 5 Minuten zum kleinen Ballen kochen. Das heißt, der Sirup muß so lange kochen, bis ein Siruptropfen, den man in Eiswasser fallen läßt, sich sofort zu einer kleinen Kugel formt. Die Hitze herunterschalten, den Orangensaft, den Honig und die Orangenschale unter ständigem Rühren hineingeben und weitere 5 Minuten köcheln lassen. Den Topf wieder abdecken und zur Seite ziehen.

3. Das Öl in eine Friteuse füllen und auf 175 °C erhitzen. Den Teig mit dick bemehlten Händen zu einer lockeren Kugel formen und in 20 gleich große Portionen teilen, aus jeder Portion ein Bällchen von etwa 5 cm Durchmesser formen. Leicht flach drücken und mit einem bemehlten Finger oder Kochlöffelstiel ein Loch durch die Teigmitte drücken. Jeweils 2 oder 3 Gebäckstücke in das siedende Fett einlegen und etwa 5 Minuten fritieren. Zwischendurch mit einem Schaumlöffel oder einem Pfannenwender wenden, sie sollen auf beiden Seiten goldbraun sein. Herausnehmen und auf Küchenpapier abtropfen lassen.

4. Die noch warmen Kringel mehrmals mit einer Gabel anstechen und mit einer Küchenzange in den warmen Sirup tauchen, bis sie gut durchtränkt sind. Warm servieren.

Shebbakia

SO HEISST EIN POPULÄRES SCHMALZGEBÄCK IN MAROKKO, DAS HEISS IN HONIG GETAUCHT WIRD.

Nicht nur in Marokko, sondern in der ganzen arabischen Welt hat man eine Vorliebe für Fettgebackenes, das zusätzlich in Honig oder gewürzten Sirup getaucht wird. Dieses Gebäck ist gar nicht so süß, wie es den Anschein hat, denn im Teig ist meist wenig oder gar kein Zucker, und das schafft den Ausgleich zur süßen Kruste. Reste dieser typischen Backkultur sind heute auch noch in Europa zu finden – in Süditalien, Sizilien und natürlich im ehemals maurischen Spanien.

Für 16 Stück
Für den Teig:
500 g Mehl
15 g Hefe
einige Safranfäden
80 ml lauwarmes Wasser
4 EL Olivenöl
20 g Zucker
2 Eier
1 TL Salz, 2 EL Essig
Abgeriebenes von 1 unbehandelten Zitrone
2 EL Orangenblütenwasser
Außerdem:
Pflanzenöl zum Ausbacken
500 g Honig zum Eintauchen
Sesamsamen zum Bestreuen

Für den Teig das Mehl in eine Schüssel sieben und in die Mitte eine Mulde drücken. Die Hefe hineinbröckeln. Die Safranfäden in das lauwarme Wasser geben und damit die Hefe auflösen. Den Ansatz mit Mehl bestauben. Die Schüssel mit einem sauberen Tuch abdecken und an einem warmen, zugfreien Ort gehen lassen, bis die Oberfläche deutliche Risse zeigt. Das Olivenöl mit dem Zucker, den Eiern, dem Salz, dem Essig, der

Die Teigkugeln zu 2 gleichmäßig starken Platten von 48 x 24 cm ausrollen. Mit einem gezackten Teigrädchen zu Quadraten von 12 x 12 cm Kantenlänge schneiden und in die Quadrate jeweils 6 Schnitte anbringen. Um die gewünschte unregelmäßige Form zu erlangen, die Stücke beliebig durchziehen und falten. Ausbacken und danach in den siedenden Honig tauchen.

abgeriebenen Zitronenschale und dem Orangenblütenwasser gut verrühren und zum Vorteig geben. Mit einem Holzspatel gut zusammenmischen. Auf einer bemehlten Arbeitsfläche zu einem relativ festen und glatten Hefeteig kneten. Wenn nötig, noch etwas Wasser zusetzen. Sollte der Teig zu weich sein, noch ein bißchen Mehl zugeben. Den Teig zurück in die Schüssel geben, mit Mehl bestauben, zudecken und nochmals etwa 1 Stunde gehen lassen. Den Teig halbieren und jedes Stück zu einer Kugel formen, zudecken und etwa 10 Minuten entspannen lassen. Beide Teigkugeln, wie in der Bildfolge gezeigt, ausrollen, schneiden und formen. Die geformten Teigstücke erneut 5 bis 10 Minuten gehen lassen. Das Öl in eine Friteuse füllen und auf 175 °C erhitzen. Jeweils 2 oder 3 Gebäckstücke in das siedende Fett einlegen und etwa 4 Minuten fritieren. Zwischendurch mit einem Schaumlöffel oder einem Pfannenwender wenden, sie sollen auf beiden Seiten gleichmäßig hellbraun ausbacken. Herausheben und auf Küchenpapier etwas abtropfen lassen. Inzwischen den Honig zum Kochen bringen. Dabei vorsichtig vorgehen, denn Honig schäumt stark und kocht leicht über. Die fertig gebackenen Shebbakia in den Honig tauchen. Wieder herausnehmen und auf einem Kuchengitter abtropfen lassen. Mit Sesamsamen bestreuen.

Die knusprige Kruste ist immer das Feinste vom Schmalzgebäck – und bei den »Shebbakia« gibt es nur Kruste, denn der Teig wird dünn ausgerollt und trotzdem zusammengefaltet wie ein Krapfen.

Küche und Kultur liegen auch in den arabischen Ländern eng beieinander, und im Libanon kommt noch der christliche Einfluß dazu.

Gazellenhörner mit Dattelfüllung

EIN GEBÄCK, DAS AUCH BEI UNS SCHON WEGEN SEINER DELIKATEN FÜLLUNG SEINE FREUNDE FINDEN WIRD.

Im ganzen Vorderen Orient und in Nordafrika liebt man mit dünnem Teig umhüllte Süßigkeiten, deren Füllung aus gemahlenen Mandeln, Pistazien, Feigen oder Datteln besteht. Man schätzt möglichst blumige Umschreibungen für solch alltägliche Knabbereien. Die »Gazellenhörner« stammen vermutlich aus dem östlichen Nordafrika; in Marokko heißen sie »khab el ghzal« und werden mit einer Mandelfüllung zubereitet. Die folgende Dattelfüllung ist noch etwas feiner und saftiger.

Für 24 Stück
Für den Teig:
250 g Mehl, 3 EL Oliven- oder Pflanzenöl
1 EL Orangenblütenwasser
1 Eigelb, 2 bis 3 EL Wasser
Für die Füllung:
400 g frische Datteln (keine tiefgekühlten)
40 g geriebene, geschälte Mandeln
40 g geriebene Erdnüsse
4 EL Erdnußöl
1/2 TL gemahlener Zimt
1 Messerspitze gemahlener Kardamom
1 EL Orangenblütenwasser, 1 EL Honig
Außerdem:
1 Backblech, Fett für das Blech
1 Eigelb zum Bestreichen
Puderzucker

Für den Teig das Mehl in eine Schüssel geben und in die Mitte eine Mulde drücken. Alle anderen Zutaten hineingeben und einen festen und glatten Teig kneten. In Folie wickeln und im Kühlschrank mindestens 1 Stunde ruhen lassen. Für die Füllung die Datteln mit heißem Wasser waschen, gut trocknen, entsteinen und fein hacken. Zusammen mit den restlichen Zutaten in eine Schüssel geben und alles zu einer relativ festen Füllung vermengen. Den Teig halbieren und 2 gleich starke Teigplatten von je 25 x 55 cm auf einer bemehlten Arbeitsfläche ausrollen. Auf jede Platte 12 Rechtecke markieren. Weiterverfahren, wie in der Bildfolge gezeigt. Die gefüllten und geformten Gazellenhörner auf dem Blech 15 bis 20 Minuten ruhen lassen. Bei 190 °C im vorgeheizten Ofen in etwa 15 Minuten schön hellbraun backen. Noch heiß in Puderzucker wälzen.

Auf jedes Teigrechteck mit etwas Abstand zwei längliche Häufchen der Dattelfüllung setzen. Die vordere Hälfte des Teiges mit verquirltem Eigelb bestreichen.

Von der Längsseite her über die Füllung schlagen, mit den Fingern ringsum fest andrücken und zwischen den beiden Häufchen mit der Handkante eindrücken.

Mit einem gezackten Teigrädchen den Teig um die Füllungen herum in 2 Bögen abschneiden. In der Mitte soll ein deutlicher Ausschnitt sichtbar sein.

Das Backblech ganz leicht fetten. Die Teigstücke so biegen, daß die Zackenkante nach außen zu liegen kommt. Die Oberfläche mit Eigelb bestreichen.

1. Die Kokosraspel mit dem Kokoswasser in mehreren Portionen im Mixgerät mit hoher Geschwindigkeit 1 bis 2 Minuten mixen, bis die Kokosraspel ganz fein zermahlen sind. Die Kokosraspel in eine Schüssel geben, die nächste Portion Raspel und Kokoswasser mixen.

2. In einer entsprechend großen Schüssel die Eigelbe mit 2 EL der Kokosmasse und der Hälfte des Zuckers zu einer luftigen Creme schlagen. Die übrige Kokosmasse zugeben und kräftig schlagen. Die beiden Mehlarten mit dem Backpulver sieben, zusammen mit dem Kardamom, dem Zimt, den Nelken und den Nüssen in die Creme geben und alles gut miteinander verrühren. Die Eiweiße zu Schnee schlagen, bis steife Spitzen stehen bleiben, dabei den restlichen Zucker langsam einrieseln lassen. Den schnittfesten Eischnee mit einem Holzspatel vorsichtig unter die Kokosraspelmasse heben.

3. Die Masse in die mit Backpapier ausgelegte Form streichen und bei 160 °C im vorgeheizten Ofen in etwa 80 Minuten goldbraun backen. Stäbchenprobe machen, das Stäbchen muß beim Herausziehen sauber sein. Den Kuchen abkühlen lassen, aus der Form nehmen und auf einem Kuchengitter vollkommen auskühlen lassen. Die Ingwerkonfitüre erwärmen, durch ein Sieb streichen und die Oberfläche des Kuchens damit bestreichen. Die Kokosraspel im Ofen oder in einer Pfanne goldgelb rösten und die Kuchenoberfläche damit bestreuen. Den Kuchen in Würfel von 5 x 5 cm Kantenlänge schneiden.

Zimtkuchen

EIN KUCHEN, DER NICHT NUR SEHR FEIN SCHMECKT, SONDERN FRISCH AUS DEM OFEN EINEN BETÖRENDEN DUFT VERBREITET.

Der Zimt ist in Asien zu Hause, Kuchen dieser Art aber sind ein Erbe der Kolonialherren. Inzwischen werden sie überall gebacken, wo man es versteht, eine Kaffeepause einzulegen.

Für den Mürbteig:
250 g Mehl, 125 g Butter
75 g Zucker, 1 Messerspitze Salz
Für die Füllung:
3 Eier, 150 g Zucker, 1/8 l Sahne
1/8 l Milch, 1 Messerspitze Salz
2 TL gemahlener Zimt, 1/2 TL Backpulver
200 g ungeschälte, geriebene Mandeln
4 geriebene Zwiebäcke, 50 g feingehacktes Zitronat
Außerdem:
1 Obstkuchenform von 26 cm Durchmesser
Backpapier und Hülsenfrüchte
Puderzucker zum Besieben

1. Für den Teig das Mehl auf eine Arbeitsfläche sieben und in die Mitte eine Mulde drücken. Die Butter in Stücken, den Zucker und das Salz hineingeben. Zu einem Mürbteig arbeiten, wie auf Seite 6 beschrieben. Den Teig in Folie wickeln und 1 Stunde im Kühlschrank ruhen lassen.

2. Den Mürbteig auf einer bemehlten Arbeitsfläche 3 bis 4 mm stark ausrollen. Die Form damit auslegen, den Rand mit den Fingern andrücken und den überstehenden Teig abschneiden. Den Boden mit einer Gabel mehrmals einstechen, damit der Teig beim Backen keine Blasen wirft. Blindbacken, wie auf Seite 70 beschrieben. Dafür die Form mit Backpapier auslegen und die Hülsenfrüchte einfüllen. Bei 200 °C im vorgeheizten Ofen 10 Minuten backen. Herausnehmen, die Hülsenfrüchte und das Papier entfernen.

3. Für die Füllung die Eier mit dem Zucker schaumig rühren. Die Sahne, die Milch, das Salz, den Zimt und das Backpulver zum Eierschaum geben und gut verrühren. Die Mandeln, die Zwiebackbrösel und das Zitronat vorsichtig unterheben. Diese Mischung in den vorgebackenen Boden füllen und die Oberfläche glattstreichen.

4. Den Zimtkuchen weitere 45 bis 50 Minuten backen. Aus der Form nehmen und erkalten lassen. Mit Puderzucker besieben.

Der Zimt Indonesiens, der hier von Mutter und Tochter gebündelt wird, ist Kassia (*Cinnamomum cassia*). Im Gegensatz zum Ceylonzimt, der mild und süßlich schmeckt, ist Kassia von sehr kräftigem Geschmack, und die Rindenstangen sind hart, dick und von dunkler Farbe. Die Rinde vom Ceylonzimt dagegen ist hell und dünn. Beim gemahlenen Zimt ist der Unterschied leider nicht mehr sichtbar – aber man kann ihn noch schmecken.

Bolo de coco

EIN KOKOSNUSSKUCHEN, WIE ER IM SÜDEN INDIENS UND IN SRI LANKA GEBACKEN WIRD.

Nur wer die Mühe auf sich nimmt, frische Nüsse, bei denen das Wasser im Inneren hörbar plätschert, zu knacken, dem sei folgendes Rezept empfohlen, denn mit getrockneten Raspeln ist es nur halb so gut. Um die frischen Kokosraspel zu gewinnen, muß vor dem Öffnen der Nüsse zuerst das Kokoswasser abgelassen werden; es wird zum Mixen der Raspeln gebraucht. Dafür mit einem Milchdosenöffner oder einem Nagel zwei Löcher in die »Augen«, das sind sichtbar dünne Stellen auf der Unterseite der Früchte, stechen. Mit einem Hammer kräftig auf die dickste Stelle der Nuß schlagen, bis sie in der Mitte aufbricht. Die dünne braune Haut mit einem Messer oder Kartoffelschäler abschälen und das Fruchtfleisch, das auch Kopra genannt wird, mit einer feinen Reibe zu Raspeln reiben. Für dieses Rezept werden, je nach Größe, 2 bis 4 Nüsse gebraucht.

Die Kokoskuchen lassen sich noch auf ganz einfache Weise verfeinern. 4 cl Palmarrak, aus dem Nektar der Palme gebrannt – Rum ist ein guter Ersatz – wird mit 4 cl Läuterzucker gemischt, und damit kann die Oberfläche der warmen Kuchen bepinselt werden.

Kokospalmen sind der Reichtum Sri Lankas. Kopra ist ein wichtiges Exportprodukt. Aus den angezapften Blüten wird der Palmennektar gewonnen, der zu »Toddy«, dem Palmwein, vergoren wird. Oder er wird zu Sirup gekocht, aus dem der »Jaggery«, der Palmzucker, eingekocht wird.

Für den Teig:
750 g frisch geriebene Kokosraspel
das Kokoswasser, mit Wasser auf 600 ml aufgefüllt
4 Eigelbe, 450 g Zucker
300 g Reismehl, 180 g Weizenmehl
2 TL Backpulver
1/2 TL gemahlener Kardamom
1/2 TL gemahlener Zimt
1/4 TL gemahlene Nelken
120 g geriebene Cashewnüsse
4 Eiweiße
Außerdem:
die Fettpfanne (tiefes Blech) des Ofens oder
1 quadratische Form von 35 x 35 cm
Backpapier zum Auslegen
150 g Ingwerkonfitüre
100 g Kokosraspel

Bananen an der Staude, kurz vor der Reife. Wenn die Früchte an der Pflanze ausreifen können, sind ihr Aroma und ihr Geschmack unvergleichlich.

Bananenmakronen

MIT EINER FÜLLUNG UND EINEM ÜBERZUG AUS BITTERER SCHOKOLADE.

Dieses Makronengebäck schmeckt vor allem mit den kleinen, süßen Bananen, wie sie von Südostasien bis Polynesien vorkommen, besonders fein.

Für 16 Stück
8 kleine Bananen
Für die Makronenmasse:
400 g Marzipanrohmasse
200 g Zucker
Abgeriebenes von 1 unbehandelten Limette
50 g geschälte, feingeriebene Mandeln
3 Eiweiße
Für die Schokoladencreme:
1/4 l Sahne
400 g Kuvertüre
80 g weiche Butter, 2 cl Arrak
Außerdem:
1 Backblech und Backpapier zum Auslegen
600 g Kuvertüre zum Überziehen
Zucker und Pistazienkrokant zum Bestreuen

Für die Makronenmasse die Marzipanrohmasse mit dem Zucker, der Limettenschale, den Mandeln und zunächst nur 1 Eiweiß in eine Schüssel geben und mit der Hand oder einem Holzspatel miteinander verarbeiten. Nacheinander die restlichen beiden Eiweiße zugeben, bis eine spritzfähige, glatte Masse entstanden ist. Das Backblech mit Backpapier auslegen und mit einem Bleistift die Konturen der Bananen aufzeichnen. Die Makronenmasse in einen Spritzbeutel mit Lochtülle Nr. 8 füllen und in Form der kleinen Bananen auf das Blech spritzen, wie in der Bildfolge gezeigt. Mit etwas Zucker bestreuen und mindestens 2 bis 3 Stunden abtrocknen lassen. Die Makronen bei 150 °C im vorgeheizten Ofen in 12 bis 15 Minuten hellbraun backen. Leicht abkühlen lassen, dann das Papier mitsamt den Makronen umdrehen und von unten mit Wasser bepinseln. So läßt sich das Papier leicht von den Makronen lösen. Für die Schokoladencreme die Sahne zum Kochen bringen und die feingehackte Kuvertüre hineingeben. Mit einem Kochlöffel rühren, bis sich die Kuvertüre aufgelöst hat, und sofort vom Herd nehmen. Diese Creme vollständig abkühlen lassen, bis sie fest wird. Mit dem Handrührgerät schaumig rühren und nach und nach die Butter in Flöckchen zugeben. Die Creme soll richtig schön schaumig werden. Zum Schluß den Arrak unterrühren. Die Creme in einen Spritzbeutel mit Sterntülle Nr. 8 füllen und auf die Rückseite der Makronen jeweils eine Schlangenlinie spritzen, wie in der Bildfolge gezeigt. Die Bananen schälen, längs halbieren, jeweils 1 Bananenhälfte auf die Creme legen und etwas andrücken. Die Makronen in den Kühlschrank geben, damit die Creme fest wird. Inzwischen die Kuvertüre im Wasserbad schmelzen und temperieren, wie auf Seite 11 beschrieben. Die Makronen auf ein Kuchengitter setzen und mit der Kuvertüre überziehen. Mit gestoßenem Pistazienkrokant – Zubereitung siehe Seite 196 – bestreuen und fest werden lassen.

Die Makronenmasse mit genügend Zwischenraum auf das Papier spritzen und mit Zucker bestreuen. Dadurch bekommen sie eine besonders knusprige Oberfläche.

Die Bananenhälften auf die schlangenförmig auf die Makronen gespritzte Creme legen. Mit temperierter Kuvertüre überziehen und mit Krokant bestreuen.

Pflaumen-Upside-Down-Cake

HINTER DIESEM LUSTIGEN NAMEN VERBIRGT SICH EINE ETWAS ANDERE ZUBEREITUNGSART, NÄMLICH VON UNTEN NACH OBEN.

Kalifornien ist berühmt für seine feinen Pflaumen – und für seine Kuchen. Bei uns bringt man Kalifornien sofort mit den fleischigen, getrockneten Pflaumen im morgendlichen Müsli in Verbindung. Aber wo gute getrocknete Pflaumen herkommen, muß es ja auch feine frische geben. So ist es auch, doch in unseren Breiten wartet man lieber auf die späten, badischen Zwetschgen, die im September auf den Markt kommen. Sie sind trocken und süß! Das folgende Rezept ist ein bißchen der berühmten französischen Apfeltorte »tarte Tatin« nachempfunden, mit einer karamelisierten Kruste über den Früchten. Natürlich amerikanisch praktisch mit einem Rührteig.

600 g Pflaumen, 4 EL Butter
150 g brauner Zucker (Farinzucker)
Für den Teig:
130 g Butter, 125 g Zucker
ausgeschabtes Mark von 1 Vanilleschote
2 Eier, 1 Eigelb
100 ml Milch, 170 g Mehl, 2 TL Backpulver
50 g geriebene Mandeln
1 Messerspitze Salz

Die karamelisierte Oberfläche macht den besonderen Geschmack dieses Kuchens aus.

Zum Garnieren:
1/4 l Sahne, 1 EL Zucker
gehobelte, geröstete Mandeln zum Bestreuen
Außerdem:
1 Pfanne aus Gußeisen von 23 cm Durchmesser
1 Backblech

1. Die Pflaumen waschen, abtrocknen, halbieren und die Steine entfernen. Die Butter bei Mittelhitze in der Pfanne zerlassen. Den Zucker zufügen und unter ständigem Rühren mit einem Holzspatel schmelzen, bis er Blasen wirft. Die Pflaumenhälften mit der Schnittseite nach unten schnell nebeneinander in die Pfanne legen und in den heißen Karamel drücken. Dabei vorsichtig vorgehen, denn der geschmolzene Zucker ist sehr heiß.

Die Pflaumen bilden später die Oberseite des Kuchens, deshalb sollten sie möglichst sorgfältig, zum Beispiel in Kreisen, eingelegt werden. Die Pfanne vom Herd nehmen.

2. Für den Teig die Butter mit dem Zucker schaumig rühren. Das Vanillemark, die Eier und das Eigelb zufügen, dabei ständig weiterrühren, bis eine gleichmäßige Masse entstanden ist.

3. Die Milch zu der Butter-Zucker-Mischung gießen und gut unterrühren. Das Mehl und das Backpulver auf die Masse sieben, die Mandeln und das Salz zugeben. Alles schnell zu einem glatten Teig rühren und gleichmäßig über die Pflaumen verteilen. Die Oberfläche glattstreichen.

4. Die Pfanne auf das Backblech setzen, damit eventuell übersteigender Teig aufgefangen wird. Bei 180 °C im vorgeheizten Ofen etwa 45 Minuten backen; Stäbchenprobe machen, der am Rand aufsteigende Saft soll leise brodeln. Den Kuchen aus dem Ofen nehmen und in der Pfanne einige Minuten abkühlen lassen.

5. Den ausgekühlten Kuchen auf eine Kuchenplatte stürzen. Die Sahne steif schlagen, dabei den Zucker langsam einrieseln lassen. Die Schlagsahne in einen Spritzbeutel mit Sterntülle Nr. 8 füllen und den Kuchen damit garnieren, zum Beispiel mit 10 Rosetten am Rand des Kuchens. Diese jeweils mit einigen frisch gerösteten Mandelblättchen bestreuen.

Pekannußkuchen

DER »PECAN PIE« GEHÖRT ZU DEN WIRKLICH ECHT AMERIKANISCHEN KUCHEN UND WIRD VOR ALLEM IN DEN SÜDSTAATEN GEBACKEN.

Im Süden der USA ist auch die Pekannuß heimisch. Sie war schon zu Zeiten der Indianer ein wichtiges Nahrungsmittel und ist also ein echtes amerikanisches Produkt. Inzwischen ist sie aber auch in Europa nicht mehr unbekannt, denn mit Pekannüssen läßt es sich gut backen. Wenngleich sich ihr Geschmack von jenem der Walnüsse unterscheidet, können sie fast wie diese eingesetzt werden. Pekannüsse werden mit oder ohne Schale angeboten. Man sollte sich die Mühe machen, sie selbst aus den Schalen zu holen, denn ihre Kerne sind noch empfindlicher gegen Einflüsse von außen als die der Walnüsse. Sie werden auch sehr schnell ranzig, und bekanntlich reicht eine einzige ranzige Nuß, um einen ganzen Kuchen zu verderben. Der Mürbteigboden für dieses Rezept muß nicht vorgebacken werden, er wird aber dadurch knuspriger. Wird er nicht vorgebacken, dann bleibt der Teig weicher, und man merkt kaum den Übergang vom Boden zur Füllung. Als Kuchenform eignet sich eine Obstkuchenform mit gewelltem Rand und losem Boden.

Für den Mürbteig:
300 g Mehl
200 g Butter
100 g Puderzucker, 1 Ei
1 Messerspitze Salz
Für die Füllung:
400 g frische Pekannüsse
4 Eier
200 g brauner Zucker (Farinzucker)
ausgeschabtes Mark von 1 Vanilleschote
30 g Mehl
Zum Garnieren:
12 Pekannußhälften
Außerdem:
1 Obstkuchenform von 26 cm Durchmesser
Backpapier und Hülsenfrüchte zum Blindbacken

1. Für den Teig das Mehl auf eine Arbeitsfläche sieben und in die Mitte eine Mulde drücken. Die Butter in Stücken, den Puderzucker, das Ei und das Salz hineingeben. Einen Mürbteig arbeiten, wie auf Seite 6 gezeigt. Den Teig zu einer Kugel formen, in Folie hüllen und mindestens 1 Stunde im Kühlschrank ruhen lassen.

2. Den Teig gleichmäßig stark ausrollen und in die Form legen. Den Rand mit den Fingern andrücken und den überstehenden Teig abschneiden. Blindbacken, wie auf Seite 70 gezeigt. Dafür die Form mit Backpapier auslegen und die Hülsenfrüchte einfüllen. Bei 180 °C im vorgeheizten Ofen 15 Minuten backen. Aus dem Ofen nehmen, die Hülsenfrüchte und das Backpapier entfernen, auskühlen lassen.

3. Für die Füllung die Pekannüsse »knacken«, es sollen 200 g Nußkerne übrigbleiben, und fein mahlen. Die Eier in einer Schüssel mit dem Zucker und dem Vanillemark verrühren. Die gemahlenen Pekannüsse und das gesiebte Mehl untermischen. Die Masse auf dem blindgebackenen Boden verteilen und die Oberfläche glattstreichen. Mit den halbierten Pekannüssen garnieren. Den Kuchen bei 180 °C im vorgeheizten Ofen etwa 50 Minuten backen.

Date bread

DATTELBROT, OFT HEISST ES AUCH PFLAUMENBROT – JE NACHDEM, WELCHE DER FRÜCHTE IM REZEPT DOMINIEREN.

Ein Kuchen für alle Tage, preiswert und beliebt. Er schmeckt saftig, fruchtig und nicht übermäßig süß, weil er meistens nicht glasiert wird. Man serviert ihn einfach so zum Tee oder Kaffee. Dattelbrot-Fans bestreichen die Kuchenscheiben auch gern mit frischer Butter.

Für den Teig:
300 g Datteln
250 g Backpflaumen
120 g Butter
350 ml kochendes Wasser
150 g brauner Zucker
2 Eier
Abgeriebenes von 1 unbehandelten Zitrone
1/4 TL Salz
350 g Mehl
2 TL Backpulver oder Natron
150 g Walnußkerne, grob gehackt
Außerdem:
2 Kastenformen von 20 cm Länge
Butter zum Einfetten der Formen
Semmelbrösel zum Ausstreuen

Trauben, Walnüsse und Pflaumen aus dem kalifornischen Napa-Valley sind von bester Qualität. Sie reifen unter der prallen Sonne mit viel Geschmack und Aroma heran. Ob der Kuchen auch aus dieser Gegend stammt, ist nicht verbürgt, aber durchaus möglich.

1. Die Datteln und Pflaumen halbieren, die Steine entfernen und das Fruchtfleisch grob hacken.

2. Die Kuchenformen mit Butter ausstreichen, mit den Semmelbröseln ausstreuen, umdrehen und auf den Tisch klopfen, damit nur so viele Brösel hängenbleiben, wie unbedingt nötig.

3. Die Datteln und Pflaumen mit der Butter in eine entsprechend große Schüssel geben und mit dem kochenden Wasser übergießen. Verrühren, bis die Butter geschmolzen ist, und die Mischung abkühlen lassen.

4. In einer zweiten Schüssel den Zucker mit den Eiern, der abgeriebenen Zitronenschale und dem Salz schaumig rühren. Das Mehl mit dem Backpulver dazusieben, die Walnußkerne zugeben und alles gut verrühren. Zum Schluß mit der Dattel-Pflaumen-Mischung vermengen.

5. Den Teig gleichmäßig in die vorbereiteten Formen füllen, die Oberflächen glattstreichen und bei 190 °C im vorgeheizten Ofen etwa 1 Stunde backen. Die Kuchen in den Formen etwas abkühlen lassen und, sobald sie nur noch lauwarm sind, auf Kuchengitter stürzen.

Die Teigränder müssen leicht überstehen, damit der für die Pies traditionell typische Wellenrand geformt werden kann. Den Teig mit einem Kochlöffelstiel und zwei Fingern eindrücken.

Virginia Apple Pie

EINES DER ÄLTESTEN GEBÄCKE DER NEUEN WELT UND EINES DER BESTEN, WENN DIE ÄPFEL STIMMEN.

Im Virginia des 18. Jahrhunderts hat man schon zwischen »culinary-« und »dessert-apple«, also zwischen Koch- und Tafelapfel unterschieden und für den Apple Pie nur die besten ausgewählt. Die legendäre Mrs. Campbell aus Williamsburg war dafür bekannt, in ihrer Taverne die feinsten Pies gebacken zu haben – unter anderem für George Washington, den 1. Präsidenten der USA.

Für den Teig:
250 g Mehl, 80 g geschmeidiges Pflanzenfett
125 g Butter, eisgekühlt und klein gewürfelt
1/4 TL Salz, 6 bis 8 EL Eiswasser
Für die Füllung:
1,5 kg Äpfel (Boskop oder Cox Orange)
80 g Zucker, 2 EL Zitronensaft
je 1 Messerspitze Muskat, Piment und Ingwer
2 TL Zimt, gemahlen, 40 g Butter in Flöckchen

Die richtigen Äpfel sind letztlich für den Wohlgeschmack der Pies ausschlaggebend. Im kolonialen Williamsburg, Virginia, war es die Sorte »home beauty«, die angeblich das beste Ergebnis brachte. Die alten Apfelsorten sind inzwischen auch dort kaum zu haben, und bei uns sollte man einen Boskop oder Cox Orange zum Backen bevorzugen.

Unter der Teigkruste kann sich das Aroma der Äpfelfüllung gut entwickeln. Der eingesetzte Kamin läßt die Feuchtigkeit entweichen und sorgt dadurch für eine relativ glatte Teigoberfläche.

Außerdem:
1 Pieform von 30 cm Durchmesser
1 Eigelb zum Bestreichen

1. Das Mehl, das Fett, die Butter und das Salz in eine entsprechend große Schüssel geben und mit den Fingern zu feinen Streuseln zerkrümeln. Das Eiswasser zugießen, alle Zutaten mit den Händen gut durchmischen und zu einem glatten Teig mehr zusammendrücken als kneten. Zu einer Kugel formen, in Folie wickeln und mindestens 1 Stunde im Kühlschrank ruhen lassen.

2. Für die Füllung die Äpfel schälen, in Viertel teilen, die Kerngehäuse entfernen und das Fruchtfleisch in dünne Spalten schneiden. In eine Schüssel geben, den Zucker, den Zitronensaft und die Gewürze zugeben und gut vermischen, damit sich die Äpfel nicht braun färben.

3. Den gekühlten Teig halbieren und auf einer bemehlten Arbeitsfläche zu 2 gleichmäßig großen Platten von mehr als 30 cm Durchmesser ausrollen. Eine Teigplatte in die Pieform einlegen. Wichtig ist, daß der Rand etwas übersteht. Die Apfelmischung einfüllen und die Butterflöckchen aufsetzen. Den überstehenden Teigrand mit Eigelb – mit etwas Wasser verrührt – bestreichen, die zweite Teigplatte vorsichtig darüber abrollen – auch hier muß der Rand etwas überstehen – und leicht andrücken. Weiterverfahren, wie links gezeigt. In der Mitte der Teigoberfläche ein Loch ausstechen und eine Hülse aus Alufolie einsetzen. Eine kleine Teigrosette um diesen »Kamin« legen. Mit dem restlichen Eigelb die Kuchenoberfläche bestreichen. Bei 200 °C im vorgeheizten Ofen etwa 45 Minuten backen. Leicht abkühlen lassen und aus der Form nehmen. Den Kamin entfernen und den Pie lauwarm servieren.

Angel Cake

ODER »ANGEL FOOD CAKE« – JEDENFALLS EIN GANZ INTERESSANTER KUCHEN AUS AMERIKA – DER SCHNEEWEISSE ENGELKUCHEN.

Er gehört zu den Lieblingskuchen der Amerikaner, und für ihn gibt es auch eine ganz spezielle Form. Sie ist wie eine Napfkuchenform mit glattem Rand und Boden, der aber – ähnlich einer Springform – nicht fest mit der Form verbunden ist. Einziger Ersatz bei uns ist eine Springform von 24 cm Durchmesser. Der Engelkuchen kann nur ganz einfach mit Puderzucker besiebt werden, aber seinen stärkeren Auftritt hat er mit dem typisch amerikanischen »frosting«. Das ist nichts weiter als eine italienische Baisermasse, unter die gekochter Zucker geschlagen wird. Etwas Honig macht sie noch geschmeidiger, um beim Garnieren bessere Spitzen formen zu können.

Für den Biskuit:
100 g Mehl, 30 g Speisestärke (Maisstärke)
300 g feinster Zucker, 12 Eiweiße
1 1/2 TL Weinstein, 1 Messerspitze Salz
ausgeschabtes Mark von 1/2 Vanilleschote
Für die Baisermasse:
200 g feiner Zucker, 80 ml Wasser
2 Eiweiße, 1/2 TL Honig
Für den Pistazienkrokant:
150 g Puderzucker, 150 g gehackte Pistazien
Außerdem:
1 angel-cake-Form

Das Mehl, die Speisestärke und 1/3 des Zuckers vermischen und dreimal nacheinander durchsieben. Die Eiweiße zunächst locker aufschlagen, dabei Weinstein und Salz zugeben. Den restlichen, mit dem Vanillemark gemischten Zucker langsam einrieseln lassen und weiterschlagen, bis der Eischnee schnittfest ist. Die Mehlmischung in mehreren Portionen auf den Eischnee sieben und vorsichtig unterheben. Weiterverfahren, wie unten gezeigt. Für die Baisermasse den Zucker – bis auf 1 EL – mit dem Wasser bis zum Ballen kochen, das heißt, bis ein Tropfen des entstandenen Sirups, den man zwischen den Fingern reibt, eine weiche Kugel bildet. Gleichzeitig die Eiweiße zu steifem Schnee schlagen, dabei 1 EL Zucker einrieseln lassen. Den gekochten Zucker in feinem Strahl einlaufen lassen und langsam unterschlagen. Die Masse unter weiterem Schlagen abkühlen lassen. Den Honig unterrühren. Den Kuchen mit der Baisermasse mit einem Teigschaber wellenförmig einstreichen. Für den Krokant den Puderzucker zu hellem Karamel schmelzen, die Pistazien untermischen. Auf eine geölte Arbeitsfläche geben und ausrollen. Den erkalteten Krokant vorsichtig klopfen, damit die Körnung nicht zu fein wird. Den Kuchen damit bestreuen.

Den Teig in die Form füllen. Bei 175 °C im vorgeheizten Ofen 45 bis 50 Minuten backen. Stäbchenprobe machen.

Damit der Kuchen nicht einfällt, die Form umgedreht auf ein Gitter setzen. Auskühlen lassen und erst dann aus der Form holen.

Krokanttorte

»PALANQUETA DE NUEZ« HEISST DIESE KROKANTTORTE IN MEXIKO, UND DAFÜR WERDEN NATÜRLICH DIE HEIMISCHEN PEKANNÜSSE GENOMMEN.

Pekannüsse gedeihen reichlich in Nordmexiko, vor allem im Bundesstaat Nuevo León. Sie sind eine beliebte Zutat für Backwerk und Desserts.

Für den Biskuit:
4 Eigelbe, 100 g Zucker
Abgeriebenes von 1 unbehandelten Limette
1 Messerspitze Salz, 4 Eiweiße, 60 g Mehl
20 g Speisestärke, 30 g geriebene Mandeln
Zum Tränken:
Saft und Schale von 2 unbehandelten Orangen
Saft von 2 Limetten, 4 EL Wasser
2 EL Honig
6 cl brauner Rum

Das Aroma der Zitrusfrüchte, vor allem der besonders kräftig schmeckenden Limetten, ergibt eine feine Kombination mit dem Krokant der Pekannüsse, der von relativ weicher Konsistenz ist, also mit einem Mandelkrokant nicht vergleichbar.

Das Angebot an frischen Zitrusfrüchten ist in ganz Mexiko, wie hier auf dem Mercado de San Juan, sehr reichhaltig.

Für die Creme:
1/4 l Milch, ausgeschabtes Mark von 1/2 Vanilleschote
80 g Zucker, 2 Eigelbe
25 g Speisestärke, 2 Eiweiße
Für den Pekannußkrokant:
150 g Zucker, 150 g Pekannußkerne
Außerdem:
1 Springform von 26 cm Durchmesser, Backpapier

1. Für den Biskuit die Eigelbe mit 1/3 des Zuckers, der Limettenschale und dem Salz schaumig rühren. Die Eiweiße zu schnittfestem Schnee schlagen, dabei den restlichen Zucker einrieseln lassen. Den Eischnee mit einem Spatel locker unter den Eigelbschaum heben. Das Mehl mit der Speisestärke sieben, die Mandeln daruntermischen und mit einem Holzspatel unterheben.

2. Den Boden der Springform mit Backpapier auslegen, die Masse in die Form füllen und die Oberfläche glattstreichen. Bei 190 °C im vorgeheizten Ofen etwa 30 Minuten backen. Aus dem Ofen nehmen, leicht abkühlen lassen, aus der Form lösen und auf einem Kuchengitter vollständig auskühlen lassen.

3. Zum Tränken den Orangensaft, die abgeriebene Orangenschale, den Limettensaft und das Wasser zusammen mit dem Honig und dem Rum in einer Kasserolle aufkochen. Den Biskuit damit tränken und gut durchziehen lassen.

4. Für die Creme die Milch mit dem Vanillemark und etwa 1/3 des Zuckers aufkochen. Die Eigelbe mit der Speisestärke und 2 bis 3 EL der heißen Milch verrühren. Die Eiweiße zu steifem Schnee schlagen, dabei den restlichen Zucker einrieseln lassen. Die angerührte Speisestärke unter kräftigem Rühren in die kochende Milch gießen und einige Male aufwallen lassen, vom Herd nehmen und den Eischnee sofort unterheben. Die Tortenoberfläche und den Rand damit einstreichen. Die Creme fest werden lassen.

5. Für den Krokant den Zucker in einer Kasserolle unter Rühren zu hellem Karamel schmelzen. Die halbierten Pekannußkerne zugeben und gut vermischen. Auf eine geölte Marmorplatte schütten, mit einem geölten Rollholz etwa 1 cm stark ausrollen und erkalten lassen, anschließend grob zerstoßen. Die Oberfläche und den Rand der Torte mit dem Krokant einstreuen.

Für den Krokant den Zucker mit der Butter unter Rühren zu hellem Karamel schmelzen. Die gehackten Nüsse zugeben und gut untermischen. Auf eine geölte Arbeitsfläche geben und mit einem Rollholz ausrollen. Den erkalteten Krokant ganz vorsichtig klopfen; so wird die Körnung nicht zu fein.

Granatapfelcremetorte

IN DEN LÄNDERN MITTELAMERIKAS LIEBT MAN DIESE SÜSSEN, FARBIGEN TORTEN.

Für den Biskuit:
4 Eier, 1 Eigelb, 120 g Zucker
ausgeschabtes Mark von 1/2 Vanilleschote
120 g Mehl, 20 g Speisestärke, 40 g zerlassene Butter
Für die Granatapfelcreme:
3 reife Granatäpfel, Saft von 1/2 Limette, 150 g Zucker
1/2 l Milch, 2 Eigelbe, 40 g Speisestärke
60 g Marzipanrohmasse, 250 g Butter
Zum Tränken der Böden:
30 g Zucker, 4 cl Wasser
Saft und Schale von 1/2 Limette, 2 cl brauner Rum
Für den Pekannußkrokant:
250 g Zucker, 2 TL Butter, 250 g Pekannüsse
Außerdem:
1 Springform von 24 cm Durchmesser, Puderzucker

1. Den Biskuit zubereiten und backen, wie auf Seite 8 beschrieben. Über Nacht auskühlen lassen, 2mal durchschneiden; so entstehen 3 Böden.

Die Granatapfelcreme ist ein gutes Beispiel dafür, daß solche Torten auch ganz hervorragend schmecken können. Sie müssen nur 2 bis 3 Stunden durchziehen, damit sich die diversen Aromen gut verbinden können.

Foto: Ulla Mayer-Raichle

2. Für die Creme die Granatäpfel auseinanderbrechen oder -schneiden, 3 EL der Kerne zum Garnieren zur Seite stellen. Die Früchte mit einer Zitruspresse auspressen und den Saft durch ein Sieb in eine Kasserolle gießen. Den Limettensaft und 70 g Zucker unterrühren, zum Kochen bringen. Bei geringer Hitze auf etwa 1/3 reduzieren. Die Milch mit dem restlichen Zucker zum Kochen bringen. Die Eigelbe mit der Speisestärke und 2 bis 3 EL der heißen Milch verrühren. Unter Rühren in die kochende Milch gießen und aufwallen lassen. Die Creme umfüllen und mit etwas Puderzucker besieben, damit sich keine Haut bildet. Die Marzipanrohmasse zunächst mit etwas Butter mit der Hand oder mit einem Kochlöffel glatt verarbeiten, dann die restliche Butter zusetzen und mit dem Handrührgerät schaumig rühren. Die Creme durch ein Sieb streichen und löffelweise unter die Butter rühren. Den kalten Granatapfelsaft unterrühren.

3. Zum Tränken Zucker, Wasser, Saft und abgeriebene Schale der Limette 2 bis 3 Minuten kochen, abkühlen lassen und den Rum zugeben.

4. Auf einen Biskuitboden etwas Creme streichen. Den zweiten Boden auflegen und mit der Hälfte der Flüssigkeit bepinseln. Erneut Creme daraufstreichen. Den letzten Boden auflegen und mit der restlichen Flüssigkeit tränken. Die Torte mit Creme einstreichen und 12 Stücke markieren. Den Rand mit Krokant – Zubereitung siehe Bildfolge – einstreuen. Die restliche Creme in einen Spritzbeutel mit Sterntülle Nr. 6 füllen, garnieren.

In Mittelamerika können Bananen an der Staude reifen, und dann schmecken natürlich alle Sorten fein und süß. Bei uns muß man hingegen beim Kauf schon wählerisch sein.

Bananenkuchen

EINFACH IN FORM UND ZUBEREITUNG, DER IDEALE FRÜHSTÜCKSKUCHEN.

Wirklich ein Kuchen für alle Gelegenheiten, und der Rührteig macht auch bei der Zubereitung keine Probleme. Wichtig ist allerdings, daß nur wirklich reife, süße Bananen verwendet werden, die viel Geschmack mitbringen. Sie dürfen auch ruhig Flecken haben, und wenn die Wahl besteht, sollte man die kleinen Apfelbananen den großen Bananen vorziehen, weil sie einfach schmackhafter sind und etwas mehr Säure haben. Zum Frühstück wird der Bananenkuchen häufig mit Butter bestrichen. Will man ihn als »Kaffeekuchen« etwas aufwerten, dann empfiehlt sich ein Schokoladenüberzug, der geschmacklich zum Kuchen hervorragend paßt. Dafür wird der noch warme Kuchen mit Aprikotur – mit etwas Wasser erhitzte Aprikosenkonfitüre – bestrichen, und erst wenn er vollständig abgekühlt ist, kommt er auf ein Kuchengitter und wird zusätzlich mit temperierter Kuvertüre überzogen.

Auf den karibischen Inseln und in Mittelamerika werden Bananen in riesigen Plantagen angebaut – überwiegend für den Export nach USA und Europa, und das in genormten Größen. Bei den kleinen Bauern aber findet man auch noch kleinere Sorten, die richtig gut schmecken.

Für den Teig:
150 g Butter
160 g brauner Zucker (Farinzucker)
4 Eier
400 g Bananen
1/4 TL Salz
ausgeschabtes Mark von 1 Vanilleschote
1/4 TL frisch gemahlener Ingwer
1/4 TL gemahlener Zimt
350 g Weizenvollkornmehl
2 TL Backpulver
120 g grobgehackte Walnüsse
Außerdem:
1 Kastenform von 30 cm Länge
Butter und Mehl für die Form

1. Die Butter mit dem Zucker in einer Schüssel schaumig rühren. Zunächst 1 Ei unterrühren, bis es sich völlig mit der Masse verbunden hat, erst dann nacheinander die anderen Eier zugeben.

2. Die Bananen schälen. Das Fruchtfleisch mit einer Gabel grob zerdrücken und zusammen mit dem Salz, dem Vanillemark, dem Ingwer und dem Zimt unter die Buttermischung rühren. Das Mehl mit dem Backpulver sieben, mit den Walnüssen vermengen und gut unterrühren.

3. Die Kastenform mit Butter ausstreichen und mit Mehl bestauben, das überschüssige Mehl wieder abklopfen. Den Teig in die Form füllen und glattstreichen. Bei 190 °C im vorgeheizten Ofen in etwa 50 Minuten backen. Stäbchenprobe machen, dabei jedoch bedenken, daß die saftigen Bananen schwerer erkennen lassen, ob der Kuchen gar ist.

Die Passionsblumengewächse mit ihren auffallend schönen Blüten kennt man bei uns nur als Zimmerpflanze. Von der großen Familie der Passifloraceae sind nur wenige Früchte eßbar.

Maracujatorte

MIT IHREM FRISCHEN, EXOTISCHEN AROMA IST SIE EINE TORTE FÜR WARME SOMMERTAGE.

Doch es müssen die richtigen Früchte ausgewählt werden, denn nur die Purpurgranadilla oder die große gelbe Passionsfrucht (Maracuja) haben diesen verschwenderisch exotischen Duft und vor allem den Geschmack, der die Torte so unvergleichlich macht. Beim Einkauf sollte man großzügig einige Früchte mehr mitnehmen, da ihr Fruchtfleisch quantitativ doch sehr schwankt. Für dieses Rezept werden 360 g Fruchtfleisch verwendet, wofür mindestens 800 g Früchte nötig sind. Das Fruchtfleisch wird mit einem Löffel aus den geteilten Früchten genommen. Für die Torte ist eine absolut dichte Form (keine Springform) nötig, weil das Gelee flüssig eingegossen wird.

Für den Mürbteigboden:
220 g Mehl, 110 g Butter
50 g Puderzucker, 1 Eigelb, 1 Messerspitze Salz
Für das Maracujagelee:
160 g Maracujafruchtfleisch, 150 g Zucker
1/8 l trockener Weißwein, 6 Blatt Gelatine

Mit Exoten backen ist eine willkommene Abwechslung. Die leichte, fruchtige Creme dieser Torte sucht im Geschmack ihresgleichen.

Die Mischung aufkochen, dabei die Kristalle, die sich am Topfrand absetzen, mit Pinsel und Wasser abwaschen.

Das mit dem Zucker und dem Wein aufgekochte Fruchtfleisch mit einem Gummispatel gründlich durch ein Sieb passieren.

Den aufgefangenen Sirup etwas abkühlen lassen. In die geschlossene Kuchenform gießen und erstarren lassen.

Die Creme auf das erstarrte Gelee füllen, gleichmäßig verteilen und den Mürbteigboden auflegen. Im Kühlschrank erstarren lassen.

Die Torte aus dem Kühlschrank nehmen und vor dem Stürzen die Form bis zum oberen Rand kurz in heißes Wasser tauchen.

Die Torte aus dem Wasserbad nehmen, mit beiden Händen auf eine Tortenunterlage stürzen und aus der Form lösen.

Für die Creme:
5 Blatt Gelatine, 200 g Maracujafruchtfleisch
120 g Zucker, je 60 ml Wasser und Weißwein
300 ml Sahne, 3 Eigelbe
Zum Garnieren:
60 g gehobelte, geröstete Mandeln
Außerdem:
1 geschlossene Form von 26 cm Durchmesser

Für den Mürbteigboden das Mehl auf eine Arbeitsfläche sieben und in die Mitte eine Mulde drücken. Die Butter in Stücken, den Puderzucker, das Eigelb und das Salz hineingeben und zu einem Teig arbeiten, wie auf Seite 6 beschrieben. In Folie wickeln und mindestens 1 Stunde im Kühlschrank ruhen lassen. Gleichmäßig dick ausrollen und einen Boden von 26 cm Durchmesser ausschneiden, auf ein Backblech legen, mit einer Gabel einige Male einstechen und bei 200 °C nach Sicht hellbraun backen, das dauert 8 bis 10 Minuten. Für das Gelee in einer Kasserolle das Maracujafruchtfleisch mit dem Zucker und dem Wein mischen und aufkochen, wie gezeigt. Vom Herd nehmen und die eingeweichte und ausgedrückte Gelatine darin auflösen. Weiterverfahren, wie gezeigt. Für die Creme die Gelatine in wenig kaltem Wasser einweichen. In einer Kasserolle das Fruchtfleisch mit dem Zucker, dem Wasser und dem Weißwein aufkochen, bei mittlerer Hitze langsam weiterkochen und etwa um 1/3 einkochen lassen. Inzwischen die Sahne steif schlagen. Das eingekochte Fruchtfleisch durch ein Sieb geben, die Eigelbe unterrühren, in einen Topf umfüllen und alles nochmals unter ständigem Rühren mit einem Schneebesen bis kurz vor dem Siedepunkt erhitzen. Die gut ausgedrückte Gelatine darin auflösen. Die Flüssigkeit abkühlen lassen und, kurz bevor sie zu stocken beginnt, die geschlagene Sahne mit dem Schneebesen darunterrühren und weiterverfahren, wie gezeigt. Die Torte mit den Mandeln am Rande einstreuen.

Als »Baum des Himmels« wurde die Kokospalme früher bezeichnet. Ihre Früchte, die Kokosnüsse, wachsen in luftiger Höhe am Ende der langen Stämme. Zur Ernte können die Früchte regelrecht »abgedreht« werden. In manchen Ländern wird diese Arbeit auch von dressierten Affen übernommen, die dafür einfach auf die Palmen steigen.

Kokostorte

GEFÜLLT MIT EINER GEKOCHTEN VANILLECREME, IST SIE EINE LEICHTE TORTE FÜR WARME TAGE.

Solche Torten ohne Butter oder Sahne sind deshalb in den tropischen Regionen höchst beliebt, weil sie keiner extremen Kühlung bedürfen.

Für den Biskuit:
50 g frisches Kokosnußfruchtfleisch
6 Eigelbe, 120 g Zucker, 1 Messerspitze Salz
6 Eiweiße, 100 g Mehl, 100 g Biskuitbrösel
Zum Tränken:
50 g Zucker, 2 EL Wasser
2 cl Orangenlikör, 2 cl brauner Rum
Für die Creme:
1/2 l Milch
1 Vanilleschote, längs aufgeschnitten
180 g Zucker, 3 Eigelbe, 45 g Speisestärke, 3 Eiweiße
Zum Garnieren:
250 g frisches Kokosnußfruchtfleisch
grüne Marzipanblätter, 1 Cocktailkirsche
Außerdem:
1 Springform von 24 cm Durchmesser
Backpapier zum Auslegen

Für die Kokosraspel die Kokosnuß aufschlagen, das Fruchtfleisch herausnehmen, wie in der Bildfolge beschrieben, und ganz fein reiben. Für den Biskuit die Eigelbe mit der Hälfte des Zuckers und dem Salz schaumig rühren. Die Eiweiße zu Schnee schlagen, dabei den restlichen Zucker einrieseln lassen und weiterschlagen, bis ein absolut schnittfester Eischnee entstanden ist. Das Mehl mit den Biskuitbröseln und den ganz frischen Kokosnußraspeln mischen. Den Eischnee unter die Eigelbmasse ziehen und die Mehlmischung darunterheben. Die Biskuitmasse in die am Boden mit Backpapier ausgelegte Form geben, die Oberfläche glattstreichen. Bei 190 °C im vorgeheiz-

Die harte Schale der Kokosnuß hat 3 »Augen«: mit einem spitzen Gegenstand 2 dieser Grübchen aufschlagen und das Kokoswasser in ein Gefäß ablassen. Die harte Schale mit einem Hammer sprengen und stückweise abbrechen. Mit einem scharfen Messer die dünne braune Haut vom Fruchtfleisch entfernen und dieses unter fließendem Wasser kurz abwaschen.

ten Ofen 40 Minuten backen. Nach etwa 30 Minuten Stäbchenprobe machen. Den Biskuit über Nacht ruhen lassen. Zweimal durchschneiden, so daß 3 Böden entstehen: 2 zur Seite legen, den dritten in Würfel schneiden und diese in eine Schüssel geben. Zum Tränken den Zucker mit dem Wasser aufkochen und 2 bis 3 Minuten sprudelnd kochen, abkühlen lassen. Orangenlikör und Rum zufügen. Damit die Biskuitwürfel tränken und zugedeckt mindestens 1 Stunde durchziehen lassen. Für die Creme die Milch mit der Vanilleschote und etwa 1/3 des Zuckers aufkochen, die Vanilleschote herausnehmen, das Mark auskratzen und wieder in die Milch geben. Die Eigelbe mit der Speisestärke und 2 bis 3 EL der heißen Milch verrühren. Die Eiweiße zu steifem Schnee schlagen, dabei den restlichen Zucker einrieseln lassen. Parallel dazu die angerührte Speisestärke unter Rühren in die kochende Milch gießen. Mehrmals aufwallen lassen, den Eischnee unterrühren. Von der heißen Vanillecreme 1/4 zur Seite stellen, den Rest gut mit den getränkten Biskuitwürfeln vermengen. Diese Mischung auf den ersten Biskuitboden geben und glattstreichen. Den zweiten Boden daraufsetzen, die Torte mit der restlichen Creme einstreichen und abkühlen lassen. Großzügig und dicht mit den Kokosraspeln einstreuen. Garnieren.

Reichlich Kokosraspel bedecken die Oberfläche der Torte und geben ihr den frischen, kühlen Geschmack. Sie können noch zusätzlich mit Puderzucker besiebt werden, wenn sie nicht süß genug sein sollten.

Brasileiras

IHR FRISCHES KOKOSAROMA IST EINMALIG UND MIT DEN KOKOSMAKRONEN AUS GETROCKNETEN FLOCKEN NICHT ZU VERGLEICHEN.

Die Zubereitung dieser Eigelbmakronen macht natürlich einige Mühe, denn das Geheimnis des feinen Kokosgeschmacks kommt von den frisch geriebenen Nüssen – und das ist harte Arbeit, wie in der Bildfolge auf Seite 206 zu sehen ist. Ist das Fruchtfleisch freigelegt, muß mit einem scharfen Messer oder Kartoffelschäler die dünne Innenhaut abgeschält werden. Erst dann kann das blütenweiße Fruchtfleisch mit einer feinen Küchenreibe gerieben werden.

Für etwa 70 Stück
Für den Brandteig:
1/4 l Wasser, 400 g Zucker
8 Eigelbe, 20 g Mehl
400 g frisch geriebene Kokosraspel
ausgeschabtes Mark von 1 Vanilleschote
Außerdem:
1 Backblech
Backpapier zum Auslegen

Für den Teig aus dem Wasser und dem Zucker Läuterzucker herstellen, wie gezeigt. Im offenen Topf in 5 bis 10 Minuten zum kleinen Faden kochen, das heißt, der Sirup muß so lange kochen, bis ein Tropfen, den man in Eiswasser fallen läßt, sich zwischen Daumen und Zeigefinger zu einem Faden zieht. Die leicht verschlagenen Eigelbe und das Mehl miteinander vermengen und 2 EL des heißen Zuckersirups dazuschlagen. Diese Mischung unter ständigem Rühren

In einem entsprechend großen Topf das Wasser mit dem Zucker unter Rühren aufkochen und den Zucker vollständig auflösen.

Den Topf vom Herd nehmen, die Kokosraspel auf einmal hineinschütten und zügig und gleichmäßig unterrühren.

Den Topf wieder auf den Herd setzen und die Masse bei geringer Hitze unter Rühren »abbrennen«, bis sie sich vom Topfboden löst.

Den Teig portionsweise – je 10 g – zwischen den Händen zu kleinen Bällchen rollen und mit genügend Abstand auf das Blech setzen.

unter den restlichen Sirup laufen lassen. Weiterverfahren, wie in der Bildfolge oben gezeigt. Den Topf vom Herd nehmen, das ausgeschabte Vanillemark unterrühren und den Teig auf Zimmertemperatur abkühlen lassen. Das Backblech mit Backpapier belegen. Die Brasileiras bei 180 °C im vorgeheizten Ofen in 15 bis 20 Minuten goldbraun backen.

In Brasilien gehören frische Kokosnüsse zum Küchenalltag, und das weiße Fruchtfleisch kann man sich bereits auf dem Markt herausholen lassen oder sogar frisch gerieben kaufen.

Mangos werden grün geerntet und reifen erst während des Transportes und dann beim Händler oder erst beim Endverbraucher. Deshalb ist es ganz wichtig, darauf zu achten, daß die Früchte auch wirklich reif sind. Sie dürfen sich nicht hart anfühlen und müssen am Stielansatz den typischen Mangoduft verströmen.

Mangotörtchen

NUR WIRKLICH REIFE FRÜCHTE GEBEN DER CREME AUCH DAS NÖTIGE AROMA.

Wenn die Mangos nicht genug eigene Fruchtsäure enthalten, kann mit etwas Limettensaft nachgeholfen werden; so wird der Geschmack optimiert.

Für 12 Stück
Für den Mürbteig:
375 g Mehl, 190 g Butter
130 g Puderzucker
1 Eigelb, 1 EL Milch
Für die Füllung:
etwa 600 g Mangos (400 g Fruchtfleisch)
2 TL Limettensaft, 4 Blatt Gelatine
1/2 l Sahne, 20 g Zucker
Zum Garnieren:
300 ml Sahne, 20 g Zucker
Fruchtfleisch von 1/2 Mango
Außerdem:
12 Tortelett-Förmchen von 8 cm Durchmesser
Backpapier und Hülsenfrüchte zum Blindbacken
150 g Kuvertüre

Für den Mürbteig das Mehl auf eine Arbeitsfläche sieben und in die Mitte eine Mulde drücken. Die Butter in Stücken, den Puderzucker, das Eigelb und die Milch hineingeben. Zu einem Teig arbeiten, wie auf Seite 6 beschrieben. Den Teig in Folie wickeln und mindestens 1 Stunde im Kühlschrank ruhen lassen. Den Teig zu einer 3 bis 4 mm starken Teigplatte ausrollen und Kreise von reichlich 8 cm Durchmesser ausstechen. Die Förmchen damit auslegen, die Ränder andrücken und den überstehenden Teig abschneiden. Blindbacken, wie auf Seite 70 gezeigt. Dafür ein entsprechend großes Stück Backpapier in jede Form legen und die Hülsenfrüchte einfüllen. Bei 180 °C im vorgeheizten Ofen 15 bis 20 Minuten backen. Die Hülsenfrüchte und das Papier entfernen. Die Böden auskühlen lassen und aus den Förmchen lösen. Die Kuvertüre erwärmen und die Torteletts damit ausstreichen, sozusagen als Isolierung zwischen dem knusprigen Teig und der feuchten Creme. Für die Füllung die Mangos schälen, das Fruchtfleisch vom Steinkern lösen, wie in der Bildfolge gezeigt, und im Mixer pürieren. Mit Limettensaft abschmecken. Die Gelatine in etwas kaltem Wasser einweichen. Die Sahne mit dem Zucker steif schlagen und das Mangopüree unterheben. Die eingeweichte Gelatine gut ausdrücken, auflösen, zugeben und gut untermischen. Die Mangosahne in die Torteletts füllen und fest werden lassen. Zum Garnieren die Sahne mit dem Zucker steif schlagen, in einen Spritzbeutel mit Sterntülle Nr. 10 füllen und je 1 große Rosette auf die Torteletts spritzen. Das Fruchtfleisch der halben Mango in Stücke schneiden und jeweils 1 Stück auf die Sahnerosetten setzen.

Die Mango in der linken Hand halten und drehen, während mit der rechten das Messer ganz dicht am Stein – er liegt in der Mitte – entlanggeführt wird.

Aus den beiden »Backen« mit einem Eßlöffel das Fruchtfleisch in einem Stück herauslösen. Dabei mit dem Löffel ganz dicht an der Schale bleiben.

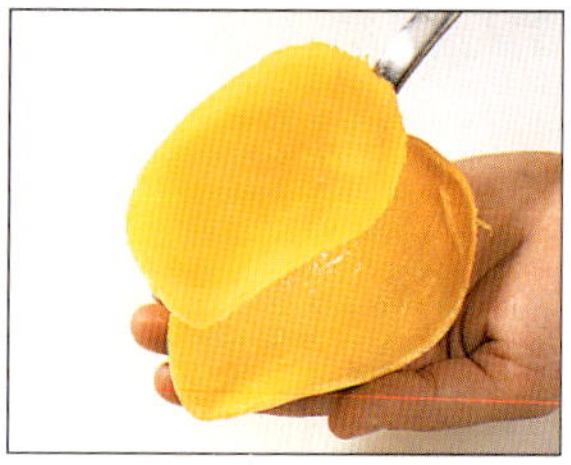

Das in einem Stück ausgelöste Fruchtfleisch kann nun in Würfel, Spalten oder in Scheiben geschnitten und weiterverarbeitet werden.

Von dem Mittelstück die Schale mit einem Messer entfernen. Dabei dicht unter der Schale entlangfahren, damit kein Fruchtfleisch verlorengeht.

Mit einer Gabel oder den Fingern den Stein auf die Arbeitsfläche drücken und mit dem Messer das Fruchtfleisch beziehungsweise den Saft abstreichen.

Oberstes Gebot für das Gelingen von Gebäcken ist das exakte Nachvollziehen der Rezepte, denn Improvisation gelingt nur, wenn man über genug eigene Erfahrung verfügt. Deshalb sind die nötigen Hilfsmittel unerläßlich. Jedem bleibt natürlich überlassen, in welchem Maße er die Standardausrüstung seiner Haushaltsküche den spezifischen Backanforderungen anpaßt. Diese Übersicht und Beschreibung der Backformen und Geräte erleichtern dem interessierten Laien die Auswahl.

1 Springformen
2 Tortenringe
3 Rührschüssel
4 Schneekessel mit Holzspatel
5 Schneebesen
6 Kuchengitter
7 Mehlsieb
8 Spritzbeutel mit Stern- und Lochtüllen
9 Alufolie
10 Backpapier
11 Teigroller
12 Winkelpalette, lang und schmal
13 Winkelpalette, kurz und breit
14 Lange Palette mit Säge
15 Kurze Palette
16 Gummispatel
17 Backpinsel
18 Teigrädchen mit glattem Rand
19 Teigrädchen mit gezacktem Rand
20 Zesteur
21 Feine Reibe für Zitrusschalen
22 Tortenunterlage
23 Teigschaber
24 Ausstecher mit gewelltem Rand
25 Ausstecher mit glattem Rand

1 Angel-cake-Form

2 Backbleche

3 Pieformen, Quicheformen, auch als runde Backbleche bezeichnet

4 Ovale Tortelettförmchen mit gewelltem Rand

5 Springform mit konischem Rand, auch Springblech genannt

6 Tortelettförmchen mit glattem Rand

7 Gugelhupfform

8 Schiffchenförmchen

9 Kastenform, variabel von 22 bis 38 cm

10 Kasten- oder Königskuchenform

11 Margaretenkuchenform

12 Törtchenform mit konischem, gewellten Rand

13 Rehrückenform

14 Obstkuchenförmchen mit gewelltem Rand

15 Obstkuchenformen mit gewelltem Rand, die Böden können herausgehoben werden

Register

Warenkundliche sowie verarbeitungstechnische Informationen sind kursiv geschrieben. Alle anderen Stichwörter beziehen sich auf die Rezepte.

Impressum

WIR DANKEN

allen, die durch ihre Beratung, Hilfe und tatkräftige Unterstützung zum Gelingen dieses Buches beigetragen haben, insbesondere:
Frau Bénédicte Adam, Assesse, Belgien; Herrn Fritz Draxler, Hotel Sacher, Wien; Fa. Paul Etter Soehne AG, Zug, Schweiz; Frau Sonja Ludwig, Marokkanisches Fremdenverkehrsamt, Düsseldorf; Herrn Friedrich Pfliegler, Hotel Sacher, Wien; Sopexa – Förderungsgemeinschaft für französische Nahrungs- und Genußmittel, Düsseldorf; Spanisches Generalkonsulat, Handelsabteilung, Düsseldorf.

BILDNACHWEIS

S. 22: Monika Häußinger; S. 141: Tourist Information St. Gallen; S. 200/201 und Umschlagrückseite: Ulla Mayer-Raichle.

Copyright © 1995 by Teubner Edition
Postfach 1440 • D-87620 Füssen, Germany
2., durchgesehene Auflage 1996

Kochstudio Barbara Mayr, Christine Sontheimer, Walburga Streif, Helena Brügmann, Alexander Rieder

Fotografie Christian Teubner, Odette Teubner, Christoph Tumler, Katharina Ziegler, Bettina Gousset

Redaktion Dr. Ute Lundberg (oec.troph.), Inken Kloppenburg, Pascale Veldboer, Sabine Fette

Layout/DTP Gabriele Wahl, Dietmar Pachlhofer

Herstellung Gabriele Wahl

Reproduktion PHG-Lithos GmbH, D-82152 Planegg

Druck Dr. Cantz'sche Druckerei, GmbH & Co., D-73760 Ostfildern

Alleinauslieferung für den gesamten Buch- und Fachhandel Gräfe und Unzer GmbH, Isabellastr. 32, D-80796 München

ISBN 3-7742-1549-9